元宇宙进化逻辑

——用确定性的逻辑诠释不确定的未来

高承实　著

上海科学技术出版社

图书在版编目（ＣＩＰ）数据

元宇宙进化逻辑：用确定性的逻辑诠释不确定的未来 / 高承实著. -- 上海：上海科学技术出版社，2023.6
　ISBN 978-7-5478-6218-6

Ⅰ．①元… Ⅱ．①高… Ⅲ．①信息经济－研究 Ⅳ．①F49

中国国家版本馆CIP数据核字(2023)第104935号

元宇宙进化逻辑
——用确定性的逻辑诠释不确定的未来
高承实　著

上海世纪出版（集团）有限公司
上　海　科　学　技　术　出　版　社　　出版、发行
（上海市闵行区号景路159弄A座9F-10F）
邮政编码 201101　　www.sstp.cn
江阴金马印刷有限公司印刷
开本 787×1092　1/16　印张 10.5
字数：240千字
2023年6月第1版　2023年6月第1次印刷
ISBN 978-7-5478-6218-6/TP・84
定价：69.00元

本书如有缺页、错装或坏损等严重质量问题，请向工厂联系调换

序一

用确定性的逻辑诠释不确定的未来

科技始终是人类文明演进的不竭动力。每一次科技革命都对人类的生产生活方式产生了深远的影响——蒸汽机带来的机械革命使人类生产效率获得了几百倍提高,并拉开了工业革命的序幕;电气化革命打破了黑夜与白昼的边界,电成为驱动万物的原动力,生产效率获得进一步提升;互联网带来的信息革命,极大地拓展了人类沟通边界,提升了人类信息交流效率,降低了人类获取信息的成本。综观以上,每一次科技革命都给人类社会的政治、经济、文化等各个方面带来深刻的变革。

科技发展暗藏着两条逻辑主线,一是在单位时间内获取能量的效率越来越高,二是在单位时间内获取信息的渠道越来越广。时间是所有科技变革过程中唯一稳定的变量,如何在有限的生命长度内拥有更丰富的人生体验,是智能化革命所承载的使命,也是科学技术发展的着力点从能量、信息向意识的自觉延伸。在现实世界中实现自我超越的价值需求,在平行空间体验不一样的人生,这是人类文明发展的美好愿景,而元宇宙则给出了一种可能的解决方案。

"元宇宙"概念始于1992年美国科幻作家尼尔·斯蒂芬森(Neal Stephenson)的科幻小说《雪崩》,并于2021年由元宇宙第一股Roblox上市和Facebook公司改名为Meta而被彻底引爆,全球科技巨头跑步入场元宇宙。无论是Meta公司这类从移动互联网开始崛起的新势力玩家,还是微软公司这种从互联网开始就参与其中、历经产业多轮更迭的老牌玩家,均在抢占元宇宙的先机。市场上关于元宇宙主题的著作也如雨后春笋般出现。

高承实博士的《元宇宙进化逻辑》一书,从技术专家的视角,聚焦元宇宙的未来,探讨元宇宙可能给未来人类社会日常生活、经济体制、组织变革等方面带来的冲击,剖析元宇宙技术演进的内在逻辑,并预判其未来发展方向,从科技发展和文明进化的角度给出了一张元宇宙发展路线图,给人以启发和思考。好的著作让人有收获感,并能引发读者的共鸣。本书的立意独树一帜,没有像堆积木一样把BIGANT(即区块链、交互技术、电子游戏相关技术、人工智能、网络及运算技术及物联网六大技术）等元宇宙相关技术做简单的堆砌组合，而是从文明发展的角度思考元宇宙的进化逻辑，从人类社会发展的视角分析技术演进，让人眼前一亮。

本书先探究信息互联网、消费互联网、产业互联网的进化逻辑，全面透彻的分析展示出作者对互联网发展的深刻理解，再去探究元宇宙进化的逻辑，以及元宇宙对人类社会发展的影响，更具有说服力。元宇宙会加速人类对身份多元化、价值多元化、信用多元化的认同，也有可能将人类文明带入困境。让我印象深刻的是第八章中讲到元宇宙进化困境和未来，硅基文明对碳基文明的副作用，数字世界和物理世界脱嵌，这会给读者带来思考和反省，是一种很高级的互动，也是很宝贵的体验。

2018年，美国科幻电影《头号玩家》中的"绿洲"被广泛认为是元宇宙的原型，剧中VR眼镜、万向跑步机、带有触觉传感器的可穿戴游戏装备隔着屏幕都能令人兴奋。这也正是看完本书之后的感受。或许元宇宙未来的发展走向与本书的论断并不完全一致，就像现实世界中元宇宙的未来并不是"绿洲"，但这并不重要，因为元宇宙的使命就是让人们体验不同的人生。技术本身及技术发展也一样，可以同时具有很多种可能性，本书有根据、有逻辑地给出了自己的答案。

邓小铁

北京大学讲席教授
欧洲科学院外籍院士

序二

元宇宙进化的数字化洞察

元宇宙的概念，最早来自尼尔·斯蒂芬森（Neal Stephenson）1992年出版的科幻小说《雪崩》，书中描述了一个多人在线的虚拟世界，被称为元宇宙。无独有偶，20世纪90年代初，钱学森就曾在信件中给VR取名为"灵境"，并对灵境做了展望，多处与元宇宙的特点不谋而合。概念由来已久，直至2021年，元宇宙"破圈"——以美国游戏公司Roblox在其招股书中引入元宇宙并成功上市为标志，这一年被称为元宇宙元年。

虽然关于元宇宙是什么、它会带领我们走向何方众说纷纭，但是来自企业界、投资界、学术机构、政府等不同领域怀有不同诉求的参与者倾向以乐观的态度描画它的未来，并以各自的方式解读、实践、丰富着它的含义，塑造着它的演进，在不确定中逐渐找到了确定的意义。

2021年12月，中央纪委网站刊发《深度关注：元宇宙如何改写人类社会生活》一文，就对元宇宙给出如下定义：元宇宙是基于互联网而生，与现实世界打通、平行存在的虚拟世界，是一个可以映射现实世界又独立于现实世界的虚拟空间。它不是一家独大的封闭宇宙，而是由无数虚拟世界、数字内容组成的不断碰撞、膨胀的数字宇宙。文中有三点值得我们注意：第一点，元宇宙并非海市蜃楼，而是由产业界、投资界来推动的；第二点，元宇宙应用广阔，它作为新一轮的技术革命，将对社会带来巨大影响；第三点，我们需要理性看待元宇宙，不低估5～10年的机会，也不要高估1～2年的演进变化。与此呼应的是，2021年12月，美国众议院金融服务委员会在国会山举行了以"数字资产和金融的未来：了解美国金融创新的挑战和利益"为主题的听证会，这次会议标志着美国主流社会对Web 3.0所持的积极态度。联系到Roblox公司将Web 3.0加密数字货币经济系统引入元宇宙构建、Facebook公司更名为Meta等，种种迹象表明，人们对元宇宙的潜力已逐渐形成共识。

从互联网发展的维度来看，元宇宙是在Web 3.0协议体系的支持下，随着人机交互、区块链、数字孪生等技术发展出的一种沉浸式体验的、新型虚实交融的互联网应用形态，是当前互联网发展的进阶。从技术层面来看，元宇宙是多种尖端技术的融合：有感知交互技术，通过虚拟现实（VR）、增强现实（AR）、混合现实（MR）、扩展现实（XR）、脑机接口、全息投影等作为元宇宙的入口；有应用构建技术，通过游戏引擎、数字孪生、人工智能等来优化应用，开展内容构建；有运行支撑技术，通过区块链等搭建元宇宙的底层架构。除此之外，从人类文明发展层面来看，元宇宙被认为是人类将新的人文思想、价值观念、经济模式、组织及治理模式等赋予"宇宙"的表现形式，足可见其宏大。

近年来，关于元宇宙的论著出版数量迅速攀升，各种元宇宙相关的会议、论坛也开办得如火如荼。在元宇宙的探讨中，我们经常看到许多颇具科幻感的词语交织，公众也因此产生诸多困惑。全民讨论、资本追逐、企业布局，使得市场对元宇宙的预期较高，但成熟的落地产品鲜见，不禁使人产生怀疑和观望：元宇宙的实践是不是踟蹰不前？蓄积的技术力量将在何处释放？人们对下一代互联网的需求又将如何兑现？

高承实博士这本《元宇宙进化逻辑》回应了当下的焦虑。首先，"进化"指的不是一蹴而就的突破。回望互联网发展历史，1969年互联网诞生，25年后才进入了商业化应用阶段。元宇宙同样也一定会是分期兑现的，短期的"热炒"行为可能不仅无法达到预期的目标，还有可能催生风险和泡沫。其次，作者既没有就元宇宙而言元宇宙，也不囿于纷繁的技术名词，而是找到了联通众多新技术的"毛细血管"——数字化，将数字化的演进作为"底层"，探寻元宇宙的进化"逻辑"。无论是学者、互联网从业者、技术厂商及运营商，还是投资人，或者仅仅是一个对元宇宙充满憧憬、怀有热情参与内容建设的普通用户，都能从书中描述的"底层逻辑"中找到当下合适的落点，有秩序地参与到元宇宙的建构中。

本书以数字化为脉络推演元宇宙的数字化方向，视角独特，构思精准，具有较强的现实指导意义。作者将信息互联网发展阶段（数字化转型的点）、消费互联网发展阶段（数字化转型的线）、产业互联网发展阶段（数字化转型的面）视为数字世界的最初存在和表现形态，认为它们自身表现形态的进一步发展和丰富会拓展出整个元宇宙；通过厘清各发展阶段中数字化要素的生成方式、组织方式、业务流程，洞悉进化需求和实现模式，研判未来。在某种程度上，这样的分析框架有助于将元宇宙和当下的互联网技术、产品乃至商业模式连接起来，也有利于元宇宙领域内的新应用、新模式发挥集聚作用。

作者凭借对互联网商业、社会学、金融领域的广泛涉猎,从人类交往、经济、精神生活、信用体系、货币金融体系等方面,具象地展示了元宇宙为我们的生活秩序带来的扩展和颠覆。同时,作者也明确看到了元宇宙组织及治理方面将面临的极大挑战,呼吁突破以往思维方式,以全新的技术哲学和治理哲学指导元宇宙的构建。

一"元"复始,万象皆新。新概念的实现需要扎扎实实的探索和落地,相信在元宇宙的赛道上,我们定能走出"中国道路",创造造福人民的真正价值。

陈钟

北京大学计算机学院教授
元宇宙技术研究所所长

前言

元宇宙，全方位分布式智能化时代的进化逻辑

2021年夏天，元宇宙仿佛一瞬间就成为全球最热门的词语之一。但是，什么是元宇宙，元宇宙为什么会突然间爆火，元宇宙将给人类生产生活带来哪些重大甚至是根本性改变，元宇宙自身将如何被构建并完成其进化……众多问题，莫衷一是。

元宇宙是技术发展到相当程度以后，在所有技术大创新、大融合、大涌现的可能基础之上，人类形成的对未来数字化生活的乌托邦设想。这里的乌托邦并非指元宇宙最终不可能实现，而是指人类对元宇宙寄托了太多的美好想象，对元宇宙的实现过程也过于乐观，而对元宇宙可能带来的弊端考虑不足，对其实现过程中的困难考虑也不充分。

但是，正如尤瓦尔·赫拉利在其《人类简史：从动物到上帝》中所指出的，"农业革命之后，人类社会规模变得更大、更复杂，而维系社会秩序的虚构故事也更为细致完整。人类几乎从出生到死亡都被种种虚构的故事和概念围绕，让他们以特定的方式思考，依特定的标准行事，想要特定的东西，也遵守特定的规范。"元宇宙正是在技术大发展的背景之下，人类为自身未来所虚构的一个故事和概念，以及围绕这个故事和概念形成的特定的思考方式、行事标准和特定规范。

从古至今，人类先后经历了工业革命、电力革命和信息革命，每一次革命在带来生产效率极大提升的同时，也带来了生产关系的变革和人类生活方式的改变。在信息革命以后，各种新技术纷纷涌现，在每一项技术向纵深发展的同时，不同的技术又通过广泛的融合生成一种新的技术，技术正以其自身内在逻辑和规律进一步丰富、完善和成长。元宇宙则是在这种技术创新、发展和融合的背景下，人类对未来全方位分布式智能化时代的故事设定和概念想定。

由此，我们在当前探讨元宇宙及其进化逻辑，才显得特别重要！

目前，我们已经迈进了数字时代的大门，但远未完成数字化，数字化的深度和广度都还远远不够。从深度来讲，信息互联网、消费互联网和产业互联网本身还处在进一步进化过程之中；从广度来看，信息互联网、消

费互联网和产业互联网也远远覆盖不了人类全部的数字化生产生活场景。

与此同时,新的智能化时代正在到来。在坚实的数字化大厦上早就开始生成一种被称为智能的新物种,这个新物种一方面从传统的中心化的一般智能向中心化的超级智能进化,另一方面则是从中心化的智能向分布式智能进化,未来两者更将融合成为分布式的超级智能。当前大火的 Web 3.0,作为从区块链到元宇宙构建过程中的关键核心技术,则成为中心化智能向分布式智能转换的技术层面的支撑和架构。

元宇宙对人类生产生活的方方面面都将带来根本性甚至颠覆性改变,其改变的进化逻辑包括了以下几个方面:首先是相关要素的数字化,其次是数字化的要素之间基于数字逻辑和业务逻辑在更大范围内实现的智能连接和匹配,由此将带来已有各种关系的解耦,新的连接关系的建立,业务逻辑和业务关系的重构,以及更多新物种的诞生。

这种建立在数字化基础上的进化,实际上在互联网发展的早期就已经开始了,此后就处在持续不断的进化过程中。例如,信息互联网完成的是对信息内容的数字化、人对信息需求的数字化,以及在此基础之上更大范围内完成的两者的连接和匹配。消费互联网完成的则是商品和服务的数字化、人对商品和服务需求的数字化,以及在此基础之上更大范围内完成的两者的连接和匹配。产业互联网需要数字化的产业要素内容更多,产业环节也更加复杂,但产业互联网完成的也是对不同产业要素内容的数字化,然后在不同业务逻辑的约束下和数字逻辑的指引下完成的不同数字要素/数字化要素的关联和匹配,从而形成了对产业链内部和产业链间的价值关系、企业及其上下游关系、产品和服务的供需关系、企业的空间布局等内容的重塑和改造。

元宇宙需要完成的数字化内容就更加全面和丰富,数字化粒度也更加精细,连接和匹配的跨度也会更大,连接和匹配的规则也更加复杂。在此基础之上,元宇宙将对人类的经济生活、精神生活、现有的组织管理、社会治理带来方方面面的影响,有些方面会带来生产效率的提升,有些方面会带来生活方式的改变,而有些方面则会颠覆现有的生产生活秩序。

在元宇宙中,数字化将渗透到人类生产生活的每一个环节,是全方位的数字化。这种全方位的数字化,在信息过载的同时,基于人工智能的辅助,将在很大程度上消除信息不对称,由此将带来更多的自主决策和业务自治组织，也就是分布式治理。这一切都必须通过数字化基础上的智能化才能实现。

元宇宙几乎是完全建立在"数"的逻辑之上的，因此，元宇宙系统背后的构建逻辑和治理运行规则，也将与传统建立在"物"的逻辑之上的世界是完全不同的。由此，元宇宙的构建和运行必须匹配新的理念和新的哲学，而不可能再用传统的理念和哲学来进行系统构建和治理。

书中相关概念说明

鉴于目前相关概念界定尚未统一，为表述一致，这里对相关概念作一界定。

数字化，是将现实物理世界中的内容转变为数字内容的过程。数字化一定有一个本原性质的存在，也有这个本原存在的内容被"化"后以数字作为载体和表达方式的内容。数字化对应的是数字孪生过程。

数字化要素，是将现实物理世界中的要素数字化之后形成的以数字作为载体和表达方式的要素。数字化要素一定存在一个现实物理世界中对应的要素。数字化要素也是现实物理世界中要素的数字孪生的结果。

数字化世界，是将现实物理世界数字化之后生成的以数字作为载体和表达方式的世界。数字化世界是现实物理世界的数字孪生内容。

数字化技术，是将现实世界中物理存在的内容转变为数字内容的过程中用到的技术。数字化技术一般意义上指的是数字孪生技术。

与之对应，数字要素是包含了数字化要素在内的所有以数字作为载体和表达方式的要素。

数字世界是包含了数字化世界在内的以数字作为载体和表达方式的世界。数字世界除了数字化世界以外，还包括由数字原生技术生成的世界，以及通过虚实相生技术生成的世界的数字内容部分。

数字技术是包含了数字化技术在内的与数字要素相关的技术。数字技术除了数字孪生技术，还包括数字原生技术和虚实相生技术。

目 录

第一章 元宇宙进化基础 1
    1.1 众说纷纭的元宇宙 3
    1.2 元宇宙进化底层逻辑 8

第二章 信息互联网的进化逻辑 13
    2.1 信息互联网的 4 个发展阶段 14
    2.2 数字化转型路径和实现逻辑 18

第三章 消费互联网的进化逻辑 23
    3.1 消费互联网的界定和功能 24
    3.2 消费互联网的数字孪生和数字原生 28
    3.3 消费互联网的进化路径和实现逻辑 33

第四章 产业互联网的进化逻辑 39
    4.1 产业互联网进化探源 40
    4.2 产业互联网相关要素的数字化 45
    4.3 产业互联网进化路径和转型逻辑 56

第五章 元宇宙数字化进化逻辑 63
    5.1 元宇宙对人类生活的拓展 64
    5.2 元宇宙中数字化的丰富和深化 71
    5.3 元宇宙中要素的连接、匹配和涌现 81
    5.4 元宇宙构建中的业务流程改造 84

第六章 元宇宙对人类现有生活秩序的扩展和颠覆 85
    6.1 元宇宙对人类现有生活秩序的扩展 86
    6.2 元宇宙对人类现有生活秩序的颠覆 93

第七章 元宇宙中组织和治理的进化 ······ 109

    7.1 组织和治理数字化转型的必然 ······ 111

    7.2 组织和治理数字化转型的要素和趋势 ······ 116

    7.3 组织和治理的进化逻辑及可能面临的问题 ······ 122

第八章 元宇宙数字化进化的困境和未来 ······ 129

    8.1 元宇宙是人类历史发展的新纪元 ······ 130

    8.2 元宇宙系统呼唤新的技术哲学和治理哲学 ······ 135

    8.3 警惕数字生活对现实物理生活的脱嵌 ······ 146

第一章
元宇宙进化基础

2021年夏天,元宇宙突然成为全球最热门的词语之一。但是,什么是元宇宙,元宇宙将给人类生产生活带来哪些重大改变,国内外企业界和学术界众说纷纭。本章在回顾相关观点的基础之上,透过纷繁的人机交互与展示内容,从底层逻辑对元宇宙的进化路径、进化规则、面临问题和进化基础进行剖析和解读。

自 2021 年起，元宇宙成为全球范围内最热门的词语之一。元宇宙涉及的专业领域不仅涵盖了科技、投资、产业，也迅速扩展到了治理、传播、政治、法律、哲学等诸多领域。2021 年 3 月 10 日，Roblox 公司在美国纽约证券交易所上市，主打"元宇宙"第一概念股，广受市场关注。2021 年 10 月，美国 Facebook 公司甚至直接将公司名字改为 Meta，宣布 5 年内从社交媒体公司变成元宇宙公司。全球各大公司纷纷进军元宇宙，推出自己的元宇宙产品。同时，国内外各种元宇宙图书开始大量出版，与元宇宙有关的协会、学会纷纷成立。元宇宙也成为投资界的首选投资领域。在我国，元宇宙进入各级政府工作报告，成为政府、企业、学界关注的热点。但是，究竟什么是元宇宙，元宇宙将给我们带来什么，元宇宙将以哪种方式和逻辑完成其自身的进化和演变，仍众说纷纭，莫衷一是。

截至目前，元宇宙的内涵和外延并不明确，业界流行的元宇宙概念更多的是头部厂商基于自身技术和产业优势而专门打造的。要正确认识元宇宙，我们必须拨开概念上的迷雾，以未来视角全面审视元宇宙可能对现实世界带来的影响和冲击，并深度挖掘元宇宙发展的内在逻辑。

元宇宙不仅是技术问题，也不仅是元宇宙自身产业的发展问题，甚至不是单一的产业发展问题。仅在技术层面，元宇宙就包括了到目前为止几乎所有的信息技术，此外还涉及经济发展、货币金融、内容创作、社会组织治理等不同的软性技术。

元宇宙也不仅是技术及相关产业的发展问题。元宇宙系统的建设和发展，势必把越来越多的其他学科领域的技术囊括进来。例如，目前大热而未来完全有可能成为人类进入虚拟数字世界的入口的脑机接口，就不仅关乎信息技术，也涉及生物技术、脑科学等众多学科领域。

此外，这些技术及相关产业在元宇宙中也不可能分别独自向纵深发展。这些技术在向纵深发展并得到广泛应用的同时，多种不同的技术内容和技术体系也必然会以不同的方式组合或交叉融合在一起，共同构筑起元宇宙大厦。这些不同的技术内容和技术体系在元宇宙中以不同方式进行的结合和融合，也将涌现出更多具有不同特点、功能和特征的新的技术内容、技术体系和技术应用方式，而这势必又会对包括现实物理世界在内的元宇宙中的其他要素、内容和体系在不同方面、不同层次、不同维度上产生不同的影响。因此，元宇宙将带来的改变，以及这些改变通过作用发挥而对元宇宙系统的建设又将产生的进一步改变，也就必然不是简单的线性叠加或累加，而需要以涌现的视角、以复杂性理论作为指导来进行观察和研究。

元宇宙被普遍认为是人类社会的发展方向和未来。前瞻性地研判元宇宙中未来人类社会的数字化生存状态、人类社会组织和治理的演化形态以及发展路径，不仅关系到技术、投资和产业发展，也关系到人类在未来的元宇宙中的生产生活方式和质量。

1.1 众说纷纭的元宇宙

元宇宙在产业界的发展要早于学术界，其影响也大于学术界。

产业界头部企业基本都是基于自己的领先优势，一方面通过舆论宣发抢夺对元宇宙的定义权以获得更广泛的社会认同，同时通过炒作以期获得更高估值和市值，另一方面是基于自己的技术和产业优势推出各自的元宇宙产品。但是，这些产品大多集中于增强现实（AR）/虚拟现实（VR）/扩展现实（XR）以及数字人等元宇宙入口环节。比较有代表性的是 Roblox 公司基于自己的抢先动作获得了先发优势，进而给出了 Roblox 公司所定义的元宇宙的八大要素：身份、朋友、沉浸感、低延迟、多元化、随时随地、经济系统和文明。

目前，国内外学术界关于元宇宙的研究大体包括以下几个层面：一是对元宇宙的存在形态进行定义、描述和展望；二是探讨目前现实世界中的产业/行业如何通过元宇宙获得进一步发展，如工业元宇宙、教育元宇宙、文旅元宇宙等；三是探讨元宇宙中不同内容体系的存在形态和表现形式，如经济体系、信任体系、货币体系、治理体系、身份体系等。

国内学界百家争鸣

中关村大数据产业联盟秘书长赵国栋等提出了支撑元宇宙的六大技术支柱，即 BIGANT，具体为：区块链技术（Blockchain）、交互技术（Interactivity）、电子游戏技术（Game）、人工智能技术（AI）、网络及运算技术（Network）、物联网技术（Internet of Things）。

易股天下董事长易欢欢在"万物起源·2022 元宇宙云峰会"发表主题为《元宇宙时代的价值与机遇》的演讲，指出元宇宙须历经 3 个阶段，分别为：Web 2.5 时代（21 世纪二三十年代），其信息特征是数字孪生；Web 3.0 时代（21 世纪 30 年代至 50 年代），其信息特征是数字原生；Web 4.0 时代（21 世纪 50 年代以后），其信息特征是虚实共生。易欢欢认为，元宇宙不是独立于现实世界的虚拟世界，而是现实世界与虚拟世界的高度融合。

清华大学新闻学院教授、元宇宙文化实验室主任沈阳在其发布的《元宇宙发展研究报告》（3.0 版）中指出，元宇宙是整合多种新技术产生的下一代互联网应用和社会形态，它基于扩展现实技术和数字孪生实现时空拓展，基于 AI 和物联网实现虚拟人、自然人和机器人的人机融生，基于区块链、Web 3.0、数字藏品/非同质化通证（NFT）等实现经济增值。每个用户在社交系统、生产系统、经济系统上通过虚实共生，可进行世界编辑、内容生产和数字资产自我所有。

中国移动通信联合会元宇宙产业委员会执行主任于佳宁认为，元宇宙是与物理世界紧密融合的数字新空间，是一个人人都会参与的数字新世界，它让每个人都可以摆脱现实条件的约束，在数字空间中成就更好的自我，实现自身价值的最大化。于佳宁还指出，元宇宙的本质特征是"五大融合"，即数字世界与物理世界的融合、数字经济与实体经济的融合、数字生活与社会生活的融合、数字身份与现实身份的融合、数字资产与实物资产的融合。同时，于佳宁指出了元宇宙带来的六大趋势：数字经济与实体经济深度融合、数据成为核心资产、经济社群崛起壮大、重塑自我形象和身份体系、数字文化大繁荣、数字金融实现全球普惠。

这些专家既有产业界的影响力，又都有相关的著作或报告，对元宇宙相关内容的界定也比较早，因此，他们的观点在国内元宇宙及相关领域产生了比较大的影响。

北京师范大学新闻传播学院执行院长喻国明从媒介化社会角度提出，元宇宙是集成与融合现在与未来全部数字技术于一体的终极数字媒介。他认为，元宇宙将实现现实世界和虚拟世界连接革命，进而成为超越现实世界的、更高维度的新型世界。

清华大学国家文化产业研究中心主任熊澄宇早在 2001 年就在其《新媒介与创新思维》一书中收录了《雪崩》节选，并指出人工智能、人机交互这些新媒介概念不仅是科学技术的进步，也体现着人类创新思维能力。

浙江大学传媒与国际文化学院教授杜骏飞从数字交往与认知哲学的角度提出元宇宙虚拟、实践、变易、扩展的"分身认知"，讨论了跨体系、变维、多分身的生存模式（MDSs）。

北京大学汇丰商学院教授魏炜与其团队发布了《元宇宙 2022——蓄积的力量》报告，对元宇宙核心技术与产业生态作出较为全面的描述与梳理。

武汉大学信息管理学院教授吴江从信息资源管理角度提出，元宇宙中的用户信息行为研究可以从用户、信息、技术三个维度展开，实现更有效的信息资源管理与用户行为理解，以促进元宇宙的应用推广与风险管理。

中国传媒大学新媒体研究院院长赵子忠与其团队在《2022 元宇宙研究报告：多元视角》中，探讨了科幻、科学、企业、产业、技术、媒体视角下的元宇宙。

复旦大学传播学系主任邓建国与其团队在《化身与制造：元宇宙坐标解析》报告中提出未来元宇宙会成为"元素型媒介"等核心观点。

国外产业引领

美国知名早期风险投资基金EpyllionCo管理合伙人马修·鲍尔（Matthew Ball）认为，元宇宙必须提供"前所未有的互操作性"，即用户必须能够将他们的化身和商品从元宇宙中的一个地方带到另一个地方，无论是谁在运行元宇宙的特定部分。

法国巴黎银行集团的创新子公司L'Atelier BNP Paribas首席执行官约翰·伊根（John Egan）表示，元宇宙用户将可以买卖虚拟宠物，从栩栩如生的小猫、小狗，到龙或其他奇异的生物。他还预测了相关的服务业市场，如遛猫遛狗、美容护理等，因为这些可爱的虚拟伴侣可能会有与在现实世界里相同的需求。

亚马逊公司前高管、现已加盟Unity公司的马克·惠滕（Marc Whitten）指出，元宇宙将成为计算平台上一场史无前例的革命，其规模将超过移动革命、网络革命。元宇宙使远程工作往前迈进了巨大一步，人类将能够以更快、更安全、更低成本设计和制造产品。

美国加利福尼亚州社交技术开发商Together Labs的首席执行官徐大任（Daren Tsui）表示，元宇宙是一个由计算机生成的3D模拟空间，人们可以在里面互动。它具备3个特征：现场感、持久性、共享性。

美国社交媒体公司Snap全球产品营销主管卡罗莱娜·阿圭列斯（Carolina Arguelles）指出："元宇宙是与我们周围的物理世界无缝叠加的虚拟空间，它是一个你在物理世界里面触摸、查看某个物体，然后反映在与之重叠的虚拟空间的区域。"

Facebook公司首席执行官马克·扎克伯格（Mark Zuckerberg）认为，元宇宙除了成为下一代的互联网以外，还将成为他们公司的下一篇华章。

Roblox公司首席执行官戴夫·巴斯扎基（Dave Baszucki）则认为，人们对未来有个共同的愿景，这种愿景有时会被称为"元宇宙"。元宇宙能够给全人类带来非凡的体验，有朝一日，人们得以聚集在一起，社交、学习、娱乐、工作，惊叹于元宇宙的奥秘。

由上面引述我们可以看到，无论是国内还是国外，产业界及学术界人士对元宇宙的论述，大多聚焦在元宇宙的存在形态、元宇宙在某一特定领域或特定场景的应用描述以及对未来元宇宙的展望等几个方面。

元宇宙是技术发展驱动的数字化未来

关于元宇宙的主要观点，本书侧重从技术发展、技术融合、技术应用方式和技术价值发挥的角度，审视当前和未来的元宇宙发展。

● 元宇宙是技术发展的历史必然

数字技术的快速发展以及广泛应用，引发了一轮又一轮信息科技革命。各种技术的融合发展，以及这些技术与不同产业的结合，在极大地拓展数字技术应用空间的同时，也极大地模糊了产业边界，还引发了不同产业发展模式的变革。跨界竞争、降维打击成为产业间竞争的新常态。

在元宇宙构建和应用落地的过程中，高性能计算、高带宽网络、大容量存储、全方位的安全保证、无处不在的人工智能或机器智能等内容将构成元宇宙系统的底层技术基础。在这些底层技术基础上，数字孪生、数字原生、虚实相生等技术将成为元宇宙体系内各种存在物的数字化描述和数字化表达的渠道。同时，元宇宙体系内各种存在物的数字化描述和数字化表达将在不同层次通过各种方式建立起各种连接，进而构建起元宇宙系统内的经济体系、货币体系、金融体系、社交体系、娱乐体系、治理体系等与现实生活既紧密联系又有本质区别的元宇宙应用。

因此，元宇宙在2021年的爆发看似突然，但绝非偶然。尽管目前的技术成熟度以及相关技术的应用广度和应用深度尚不足以支撑元宇宙系统的建立，但元宇宙的宏大图景已经在人们眼前展开。

● 元宇宙是数字世界与现实物理世界的统一体

元宇宙是充分发展的数字世界与现实物理世界的统一体，是人类数字化生活的扩展和丰富，而不仅仅是一个虚拟空间，更不是一个与现实世界相对应的平行空间。这不仅是一个认知问题，而且是一个重大的发展路线问题。

如果元宇宙是现实世界的平行空间，那么这个平行空间必然会发展出其独立的经济体系、货币体系、金融体系、治理体系……由于其完全数字化和更加去中心化的特点，元宇宙内部的这些内容体系就会产生与现实世界中的内容体系的巨大差异。但是，由于人类想象力的局限，这些经济体系、货币体系、金融体系、治理体系的大部分内容在某种程度上还是会成为现实世界各种内容体系和规则的映射，而不是真正意义上的独立存在。

我们不妨对比一下目前区块链世界的发展。尽管区块链世界的发展日新月异，很多产品和项目号称首创或具有里程碑意义，但其在设计哲学上从来没有逃脱人类已有的各种政治哲学思想范畴。

如果元宇宙是现实世界的平行空间，那么整个人类生活就将彻底分裂为两个完全不同且互相割裂的世界，一个是现实的物理世界，一个是数字/数字化的元宇宙世界。数字技术可以轻松地为人类创造出各种虚幻，进而以沉浸式体验让人类沉迷其中而难以自拔，而这也正是《三体》作者刘慈欣所担忧的。

如果把元宇宙认定为独立于现实世界之外的另外一个平行空间，那么即使元宇宙这个平行空间可以产生和创造价值，但由于这些价值只产生和存在于元宇宙这个平行空间中，其价值也无法在现实世界中得到核算和认定。那么，元宇宙就成了单纯消耗现实世界价值的一种黑洞般的存在，而现实的物理世界是不可能一直允许这种价值黑洞的发展和壮大的。

● 元宇宙将发展出独特的进化逻辑

更加成熟的数字技术，包括数字技术与其他技术的融合，以及这些融合的技术在更加广泛的场景下的应用，在元宇宙中为人类未来的数字化生活展现出无比宏大图景的同时，也必然会演化和衍生出元宇宙独有的数字化存在形式和进化逻辑。

元宇宙的这种数字化存在形式和进化逻辑，将以数字技术逻辑为主。通过数字孪生和数字原生技术，人类将在元宇宙中构建起极为丰富的数字化业务场景。这些业务场景的构建以及业务场景中的数字化元素的存在和表现形态，大部分将遵循数字技术自身的逻辑，即在大规模连接、高标准和高精度匹配的基础上构建出更多新的业务组织单元。这些数据要素的连接、匹配和新的数字化单元的构建，将在元宇宙中完成业务逻辑、组织逻辑、治理逻辑等诸多关系的重构。

但是，即使是在元宇宙的完全的数字世界中，这些关系的重构也必然会受到现实世界中诸多逻辑和原则的制约。此外，元宇宙中的这些数字内容与现实世界基于虚实相生技术发生关联，则更要受到现实世界中的相关风俗、法律法规、制度的制约和规范。

因此，元宇宙中将不会只有一套自洽的逻辑和原则发挥作用，而是多套不同的逻辑和原则同时发挥作用。这些逻辑和原则，有些是现实世界中的逻辑和原则在数字世界中的映射，有些是数字世界中基于数字技术本身的逻辑构建形成的，还有一些是两种逻辑或多种逻辑在冲突博弈之后不得不相互应用的结果。

1.2 元宇宙进化底层逻辑

元宇宙是由技术发展和技术的全方位融合,以及技术的全方位应用所驱动和构建的。因此,观察和研究元宇宙,还是要回到构建元宇宙的相关技术问题上来。

图1-1给出了完整的元宇宙世界及其构建过程。

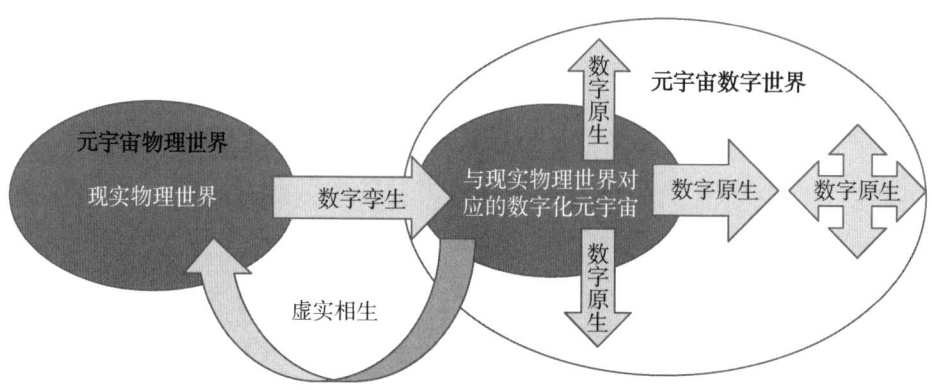

图1-1 完整的元宇宙世界及其构建

数字孪生、数字原生和虚实相生

元宇宙是包含现实世界在内的统一的数字化世界。因此,元宇宙首先要完成的就是把现实世界尽可能全面完整地通过数字孪生技术映射到数字世界中去。通过数字孪生技术,我们目前基本可以实现现实世界到数字世界的映射,数字世界内部的各种元素也可以以其数字化存在方式发生各种演化和衍生。但是,我们不可能把现实世界中的所有内容都原封不动地映射到元宇宙中,这既不可能,也没有必要。数字孪生是通过采样的方式实现的现实世界中各种存在物的数字化,但无论采样精度有多高,我们都不可能对所有存在物做到化学中的原子级别采样。因为这将需要海量的超高精度的专门采集设备,并且在数据采集之后,这些数据的存储和传输也需要消耗元宇宙中大量的计算、带宽和存储资源。而且,这些原子级别的绝大部分采样内容,在元宇宙中也是找不到其应用场景的。

在数字孪生环节一个容易被忽视的内容,就是现实世界中的各种非实体存在物，如风俗、制度、习惯、关系等。这些内容对元宇宙中各种数字化元素之间的连接以及数字世界的构建是非常关键和重要的。如果元宇宙中没有这些现实世界中的非实体存在物的数字化映射，那么元宇宙就是一堆数字元素/数字化元素的集合体，而这些数字元素/数字化元素就如同沙漠中的沙子一样，彼此之间没有任何关联。然而，这肯定不可能构建起元宇宙。

在数字孪生的进行过程中以及数字孪生过程完成以后，元宇宙中会发生大量的数字原生现象。也就是说，基于已经数字化的元素及数字元素之间的关联，元宇宙中会生成很多在现实世界中找不到对应的数字存在，如游戏中的各种数字装备，甚至更加抽象的数字世界中的规则和规范。

数字化的推进和演化，除了基于数字孪生技术实现的现实世界向数字世界的映射，以及基于数字原生技术实现的数字世界内部元素的演化和衍生之外，还必然存在大量现实世界中的元素与数字世界中的元素的关联和交互，也就是虚实相生的过程。人类不会完全生活在数字世界中，仍然要生活在现实世界中，这也是数字世界中的一部分元素必然要与现实世界中的大部分元素发生关联和相互作用的原因和背景。

新物种的诞生

在进行这一系列最基本的数字化实践/数字实践的同时，元宇宙中的各种数字化元素/数字元素将基于数字世界的基本逻辑，发生元素之间的更多关联，在更大范围内实现数字化元素/数字元素之间的匹配，并生成更多新的数字元素。

元宇宙中的各种数字化元素/数字元素与现实世界中的相关元素，也将基于数字世界的基本逻辑和规则，以及现实世界中的相关逻辑和规则，发生元素之间的更多关联，在一定的范围内实现数字化元素/数字元素和现实世界中的实体元素之间的匹配，这将同时生成更多带有数字化属性的新物种。

在数字化基础上，元宇宙在更大范围内对更多元素和内容的连接和匹配，同时也是在更多连接和匹配基础上更多新的元素和组织单元的构建和创造，必然带来全方位的业务流程、人际关系、组织治理方式等多种内容的重构，是全面和深刻的数字化转型。图1-2给出了从信息互联网到元宇宙的人类社会数字化转型示意。

元宇宙这种大范围、多层次、全方位的数字化转型建立在数字孪生、数字原生和虚实相生基础之上。在元宇宙中，现实世界和数字世界必将发生深刻而全面的相互影响。互联网诞生以后出现的信息互联网、消费互联网和产

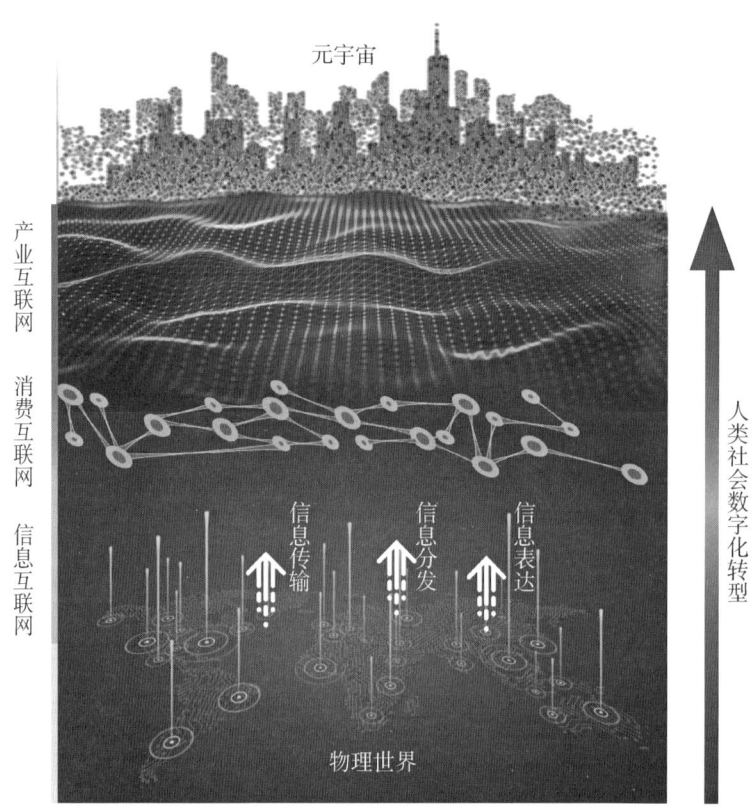

图 1-2　从信息互联网到元宇宙的人类社会数字化转型

业互联网,都是建立在数字孪生、数字原生和虚实相生基础上的数字化转型的逐步深化。信息互联网实现了人类社会信息表达、信息传输和信息分发的数字化;消费互联网在交易环节通过数字孪生、大范围连接和智能匹配,变革了人类以往的交易模式,极大地降低了交易成本;产业互联网则更进一步,将数字化和数字化转型渗透到整个产业链。以上三个发展阶段是人类生产生活数字化转型的点、线、面,而元宇宙则是人类数字化转型的体,是全方位的人类生产生活的数字化。

法律规范的承接与重构

元宇宙系统的构建以及最终运行,必须有现实世界中的法律、法规、制度作为保证。否则,我们凭什么来保证数字世界中的1克黄金就是现实物理世界中的1克黄金呢?

在数字孪生的进行过程中以及数字孪生过程完成以后,元宇宙中会发生大量的数字原生现象，产生出在现实世界中不存在对应物的纯粹数字内容，如游戏中的数字装备。这些内容的权益，既需要通过技术手段进行保证和保护，如目前在区块链世界中以非同质化通证（NFT）或同质化通证（FT）的形式所实现的对这些纯数字内容所有权的确认和相关权益的保障，也仍然需要现实世界中的相关法律、法规、制度进行最后确认。

此外，元宇宙中经由虚实相生过程发生的更多元素的关联，既涉及数字世界，也涉及现实世界，需要通过数字技术手段进行保障，同样也需要现实世界中的法律、法规、制度作为保障。这既是对元宇宙系统中的数字世界的要求，也是对元宇宙系统中的现实物理世界的要求。当然，这就涉及两种不同类型的保障措施、保障技术和保障理念的统一、冲突和协调。其中，现实物理世界中的一部分法律、法规、制度，必然要通过数字技术升级为数字化的法律、法规、制度。现实物理世界中的一部分法律、法规、制度，在数字世界的更大范围覆盖下，也面临被改写甚至废除的可能。此外，在数字世界中，也一定会基于数字世界的法理，生成更多数字世界所独有的法律规范。

进化的基本路径

在数字孪生、数字原生和虚实相生的发生过程中，随着更多元素关联关系的建立、更多新物种的诞生、更多新的法律法规和制度的出现，元宇宙必然要在不同层面发生其自身的数字化进化。

第一，大量的数字元素、数字化元素和非数字元素，基于其自身特性会形成各种不同的或松散或紧致的连接和匹配方式。一方面，这会形成新的数字单元/数字化单元，演化出新的数字元素/数字化元素。另一方面，各种不同的连接和匹配方式也必将重构原有的业务逻辑、业务流程，一部分在原有业务流程中的业务单元或业务元素直接被边缘化或被旁路了，一部分原有业务单元或业务元素被融合进新的业务流程中，成为新的业务流程的一个环节。

第二，数字化进程的越发深入会导致数字化的对象的粒度越来越小，层级越来越深。原有的一个业务单元内部更多层级的组件将越来越多地被数字化，由此会在不同层级上带来原有业务单元的解构。被解构之后的这些粒度更小、层级更低的数字化组件，会与其他组件形成新的业务单元，或者与原来的部分业务组件以新的组合方式重新组合，进而变成具有新功能的业务单元。

以上两个过程都是在数字孪生、数字原生和虚实相生基础上发生的。这将带来一波又一波的数字化深化过程，带来更多不同层级的组件或更多业务单元的重构、解构，以及更多不同关联关系的建立。

在这个过程中，元宇宙中的治理规则也将发生巨大的变化。

第二章
信息互联网的进化逻辑

信息互联网已经从早期文字信息的数字化展示,经由以网络论坛(BBS)为代表的众声喧哗,发展到目前基于平台实现的人对信息的数字化需求与数字化信息的自动连接和匹配。在元宇宙中,信息互联网一方面将进一步丰富信息的数字化呈现方式,从目前的听觉、视觉和触觉内容的数字化扩展到味觉、嗅觉等更加全面的内容的数字化,另一方面将进一步完善人对信息需求的数字化描述,实现更加精准的人和信息的连接和匹配。

我们将信息界定为能够为人类感知到其显性存在或隐性存在的有意义的内容。眼睛看到的文字、图像、视频，耳朵听到的各种声音，鼻子闻到的各种气味，舌头分辨出的各种味道，以及身体感受到的触碰，甚至内心感受到的各种氛围或情绪，都是信息。

信息是人与人之间沟通交流的内容承载。个人的生存与发展，无一不需要与外部世界进行信息的交换。人类社会的存在和发展，也需要彼此之间信息的流通。人类通过计算机与互联网实现信息的沟通交流，自然就要让信息能够被计算机和互联网表示，也就是信息的数字化。由此，信息就成为人类利用互联网实现大规模数字化转型的最初领域。

从最早的门户网站开始，信息互联网已经发展到了3.0阶段，即基本实现了人和信息的大规模连接和智能匹配。但是，信息互联网的发展并未完结，信息互联网即将迈向一个新的发展阶段：一方面是冲破信息茧房，从人的全面发展的角度实现人和信息更加全面和智能的连接；另一方面是更多类型信息的数字化，以及这些数字化内容进入互联网，从而开启新一轮的信息革命。

2.1 信息互联网的4个发展阶段

门户网站的单向数字化信息输出

互联网在中国大规模应用的第一个发展阶段，就是出现了以搜狐、网易、新浪为代表的三大门户网站。与此同时或更早一些时候，美国的雅虎也是以信息门户网站的形式出现的。信息门户网站实现了数字化信息的单方向输出。门户网站采集各类信息，将其数字化之后通过网站门户对外呈现，而用户则需要登录网站获取相应的信息。我们将这种基于门户网站的数字化信息单向输出称为信息互联网发展的1.0阶段。

受限于当时有限的网络带宽（大部分用户是通过传输速率为56 Kbit/s的调制解调器接入互联网的）和有限的数字化能力，门户网站只能提供极其有限的数字化信息。这些数字化信息绝大多数是以文字的方式呈现的，少部分是清晰度不高的图片，更不用奢谈音频和视频了。

门户网站提供的信息在内容上也相对单一，主要是当时各大传统报刊上相应内容的数字化，在某种程度上也可以认为门户网站就是当时报纸或杂志的替代。图2-1是2000年8月新浪网的首页截图，由此也可以大致看到当时典型门户网站的内容。

图 2-1　2000 年 8 月新浪网首页

在今天看来，尽管早期的三大门户网站存在这样或那样的不足，但是在当时信息门户网站的出现无疑是划时代的事情。例如，当时北京的读者很难读到《南方日报》，而在深圳的读者则很难读到《北京日报》，但三大门户网站的出现，一下子就把地理上的这种分隔打破了。2005 年，美国经济学家托马斯·弗里德曼（Thomas Friedman）写了一本畅销书《世界是平的》，对互联网带来的大一统未来世界给出了极其美好的展望。

BBS 时代的众声喧哗

随着技术的发展和网络基础设施的进一步完善，信息互联网很快就进入了以 BBS 为代表的众声喧哗时代。

按照今天的热门分类，互联网早期的门户网站在技术上属于 Web 1.0 时代。Web 1.0 只是实现了数据的"读"的功能，即所有人都需要到门户网站阅读那些由数据转化而呈现出来的信息。Web 2.0 则同时实现了对数据的"读"和"写"的功能。Web 2.0 的出现，使得每一个人都成为一个自媒体，每个人在网络上都开始有了发声的机会。于是，BBS、电子邮件、博客、微博、QQ、微信等众多网络应用开始出现，这些网络应用驱动互联网进入了更多主体的数字化信息交互阶段，这也就是信息互联网的 2.0 阶段。

尽管 QQ 和微信比 BBS、博客、微博、电子邮件有了更多信息交互功能，更加符合人类社交网络原则，但是在信息发布和信息获取方面，QQ、微信仍然是信息互联网 2.0 阶段的产品。与 BBS、博客、微博相比，QQ 和微信在实现个人自主信息发布的基础上，信息发送者还可以更方便地实现一对一、一对多的信息送达。相比电子邮件，QQ、微信这类信息数字化产品提供了信息交互的更大便利。但是，基于 QQ 和微信，接收者只能触达信息发送者想要送达的信息内容。事实上，QQ 和微信并没有拓展人类获取信息的渠道，只是实现了特定范围内有针对性的数字化信息的连接。

信息互联网 2.0 阶段，在三大门户网站之外涌现了众多专注于信息的数字化存储和传播的机构，包括腾讯、博客中国、天涯论坛等。人类的数字化生活领域和数字化生活内容得到了进一步的拓展，原来在门户网站阶段很多难以在网络上呈现的内容开始有了更多被数字化并被扩散和展示的机会，如原来不知名的小人物在天涯论坛等专业化网站撰写网络小说及社会观察。这个阶段的数字化内容呈现形式也进入了图片、图像时代。接下来，随着 4G 网络的普及，音频和短视频也成为网络上主流的信息承载和传播方式。

在这个阶段，信息的供给数量更多，呈现方式比门户网站阶段更加丰富，但是很多内容在数字化世界里仍然十分稀缺，甚至可能还尚未出现。已经被数字化的信息内容仍然不能满足人们对信息的个性化需求。同时，人们获取信息的方式仍然十分传统和原始，需要自己到各大网站或平台去寻找相关的数字化信息内容。

随后出现的以谷歌、百度等为代表的搜索引擎，是信息互联网发展的 2.1 阶段。这只是一个中间过渡状态，而不是一个独立的发展阶段。因为谷歌、百度等搜索引擎只是提供了信息检索功能，把人类检索信息的能力从原始的传统手工作业阶段带到了由系统和软件实现的自动化阶段，但其本身在信息的数字化供给、数字化需求表达等方面都没能创造出新的内容和新的功能。

在以 BBS 为代表的信息互联网众声喧哗时代，数字化信息的需求端仍然要去主动寻找信息，互联网还没能发展出信息需求和信息供给的自动匹配，还没有发挥出数字化系统应该具有的全部功能。

人和数字化信息的智能匹配

信息互联网发展的 3.0 阶段以今日头条和抖音等产品为代表，实现的是人和数字化信息的智能匹配。

随着技术的进一步发展，存储、带宽和算力等互联网基础设施性能的进一步提高，以及单位价格的大幅下降，更多信息开始被数字化。这些被数字化的信息不仅包含了以前的文字、图像，还包括了更多的音频、视频等内容。

今日头条和抖音等产品在将更多信息内容数字化的同时，开始通过人工智能算法，基于人类浏览信息的大量数据记录对人们的信息需求进行数字化画像，通过数据描绘出不同主体对信息的个性化需求，从而开启了基于人工智能算法的信息推送服务。这在更多主体自主发布信息的基础上实现了人和信息的智能匹配。

但是，由于大数据本身数据数量上的不足和数据维度上的欠缺，以及人工智能算法还不够智能等因素，信息推送带来了严重的信息茧房现象，即当一个人浏览某一类信息越多，系统就越是推送这一类的信息。

与以往历史上信息严重不足相反，在信息互联网 2.0 阶段以后，人类就进入了信息过载阶段。进入信息互联网 3.0 阶段，在大数据和人工智能技术的辅助下，人类已经越来越陷入了数字化信息洪流之中，人类所能触达到的信息内容却越来越单一，信息的同质化现象越来越严重。

信息互联网的未来

可能很多人认为，3.0 阶段就是信息互联网发展的顶峰和终点。事实上，信息互联网在 2.1 阶段和 3.0 阶段之后，还将进入更加广阔的 4.0 阶段。

在人对信息的需求方面，技术的进步将突破当前基于大数据和人工智能等工具实现的对人类信息需求的简单描述，在信息互联网 2.1 阶段和信息互联网 3.0 阶段基础上将进一步向前发展，实现人在更多维度上对更多信息更加立体和完整的需求的描述和刻画，进而着眼于人类生产生活的全面性、丰富性和成长性，建立起在更加完善的信息供给和信息需求之间的连接和匹配。

在信息互联网 4.0 阶段，信息的数字化呈现方式在现有的文字、图像、音频和视频基础上，还将在更多维度上获得突破，如对嗅觉、味觉、触觉等维度上信息内容的数字化，以及这些数字化信息经过多种不同方式的组合而呈现出来的多种类型数字化信息展现。同时，信息对人的触达方式也将不再局限于视觉和听觉，这些数字化信息还会分别触达人类的嗅觉、味觉、触觉，甚至是意识层面，真正使人沉浸在数字化信息海洋中。

2.2 数字化转型路径和实现逻辑

信息互联网极大地突破了人类获取信息的地域限制。存储技术的发展，使更多的历史信息能够以数字化方式永久保存和对外呈现。在为人类提供大量信息的同时，技术的发展进步也使人类获取信息变得更有针对性。这一切都建立在信息的数字化基础之上。

信息互联网建立的前提

由于人类生活在时间和空间上的局限性，传统世界里的个人仅能获取相当少的信息。互联网的全球性连通打破了人类彼此交互的空间界限，进而又打破了人类获取历史信息的时间界限。但是，信息在计算机和互联网中的存储、传输、展示必须以计算机和互联网能够接受和处理的方式，也就是数字化的方式进行。因此，信息的数字化就成为信息互联网建立的前提和基础。

前面我们界定过，信息是能够为人类感知到其显性存在或隐性存在的有意义的内容。因此，信息的数字化就不仅仅是目前我们已经看到的对文字、图像、音频、视频的数字化，还需要进一步扩展到对嗅觉、味觉、触觉的数字化，否则我们对信息的数字化就是不完整的。我们需要再进一步实现对人类能够感知到的诸如态度、倾向、意识等内容数字化。此外，我们还需要对人类社会生活中的隐性知识，如经验、直觉等信息内容数字化。

对嗅觉、味觉和触觉的数字化，肯定还需要依托某些外部的数字化设备，以实现对这些信息内容的采集、数字化编码、存储、传输以及内容输出。对态度、倾向、意识的数字化，以及对经验、直觉等隐性知识的数字化，可能就不是那么直接和显然的事情了。这类信息内容的数字化需要更多的技术手段，如某种专门的人工智能工具，再基于某种专门计算才有可能实现，如基于目前大热的 AR/VR/XR 以及脑机接口等设备。同时，这类内容可能会以一种更加复杂的数字化编码方式呈现，而不会直接以一种直观的方式体现出来。这种更加复杂的数字化编码方式，在需要信息输出和对外显示的时候也有可能是以一定的可能性或者一种概率化的方式，在不同的场景下经过计算而呈现不同的输出结果。因为即使在现实生活中，不同人对态度、倾向、意识等内容的认识和感受也是不一样的。

由此可见，信息互联网远未达到其发展的顶峰和终点，未来还有相当长的路要走，也有着巨大的发展空间。

信息互联网进化的关键节点

信息的数字化是信息互联网建立的前提和基础，但仅有信息的数字化，还不足以成为信息互联网，信息互联网必须把信息精准、高效地送达人类。为实现被需要的信息能够精准、高效地送达信息的需求方，还需要实现人对信息需求的数字化。

信息互联网1.0和2.0阶段都没有触及人对信息需求的数字化。只有到了信息互联网3.0阶段，借助大数据和人工智能，系统才开始触及人对信息需求的数字化问题，也就是互联网信息需求端的数字化。但是，以今日头条和抖音为代表的信息互联网平台关于人对信息需求的数字化的描述和刻画，是基于不同个体在单一应用系统内部的浏览记录，并依据特定算法实现的，对信息需求的描述和刻画仍然非常简单和原始，由此造成了信息茧房现象的出现。

信息互联网在实现了信息的数字化、人对信息需求的数字化的基础上，通过互联网本身连通的全球性和跨地域性，以及数字化信息在时间上的可溯性，连接了信息供给端和信息需求端，进而在互联网的可触达范围内实现了人和信息的有效匹配。

信息互联网进化的实现模式

信息互联网自出现以来的数字化转型，从模式上可以分为3种类型，也正好匹配了信息互联网的3个发展阶段。

●机构是信息采集、数字化制作和发布平台

这也是信息互联网1.0阶段对应的数字化转型模式，即完全由机构负责实现信息的采集、数字化转化和发布。例如搜狐、网易和新浪，既负责采集信息，也负责信息的数字化转化，同时也是唯一的数字化信息发布平台。在这种模式下，相关机构独立完成了信息的数字化和单向的数字化信息输出。

●机构为信息的数字化转化和发布提供平台

这是信息互联网发展到2.0阶段出现的数字化转型模式。在这种模式下，机构本身不再负责信息的采集工作，而只是提供了相关的技术支持和数字化信息发布。任何人都可以在该平台发布信息，由平台负责信息的数字化转化，

以及按照信息发布者的要求,将数字化信息送达目标对象。例如,电子邮件系统,QQ、微信等社交软件,博客、微博,以及早期的豆瓣、知乎等专业化平台,都是如此。

这个阶段的信息互联网平台实现了更多类型信息的数字化,包括我们现在还在高频率使用的图片、音频、视频,极大地丰富了数字化信息的供给,同时也实现了一对一、一对多或多对多的数字化信息送达,可以在指定范围内将数字化信息快速送达目标对象。

●**机构为数字化信息的供给与需求提供智能匹配**

这是信息互联网发展到3.0阶段出现的新现象,即机构本身成为双边平台,一边连接信息的供给方,一边连接信息的需求方,并基于当前技术的最新进展,完成数字化的信息供给和数字化的信息需求之间的连接和智能匹配。在这个阶段,平台已经很少参与信息的数字化工作,因为信息发布者在自己的终端上就可以直接实现信息的数字化了,但信息需求的数字化还需要平台来完成。信息互联网3.0阶段的业务逻辑如图2-2所示。

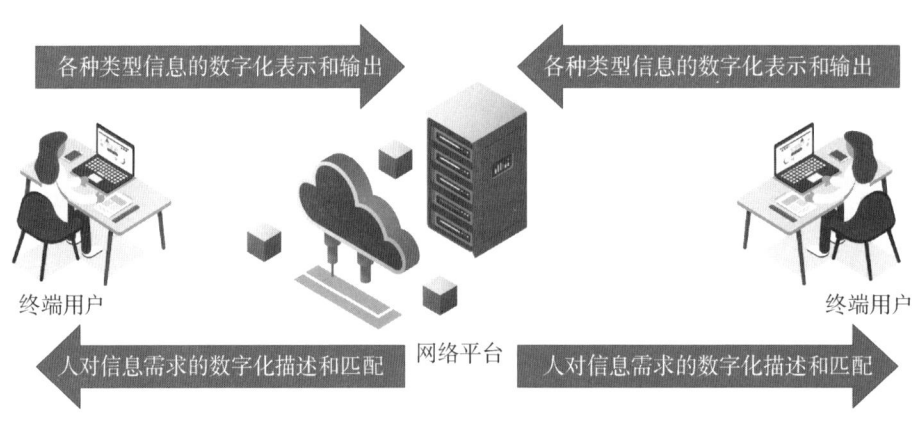

图2-2 信息互联网3.0阶段的业务逻辑

今日头条和抖音都是这种模式,百度、知乎等应用也已经向这种模式转型。在这种模式中,平台要基于用户,也就是信息需求方在自己平台上的浏览记录,利用人工智能系统对用户进行需求画像,再根据用户画像,向用户推送相应内容的数字化信息。

当然,在这种模式中,信息的供给方和信息的需求方也经常会是同一个人或同一个机构。例如,今日头条、抖音、百度、知乎上一些知名博主,在这些平台发布数字化信息的同时,自己也会是某些数字化信息的需求方。

信息互联网未来的进化路径

当前，信息互联网已经发展到了一个相对高级的阶段。但是，从人类对信息的终极需求来看，信息互联网还存在相当大的发展空间，如对现有类别信息更加精准的数字化描述，对用户需求更加全面准确的画像，对嗅觉、味觉、触觉、意识、态度、倾向等类别信息的数字化。当然，这既需要等待一些核心关键技术的突破，也有待人类对更多类别信息的认识和描述能力的大幅提升。图2-3是信息互联网的进化示意图。

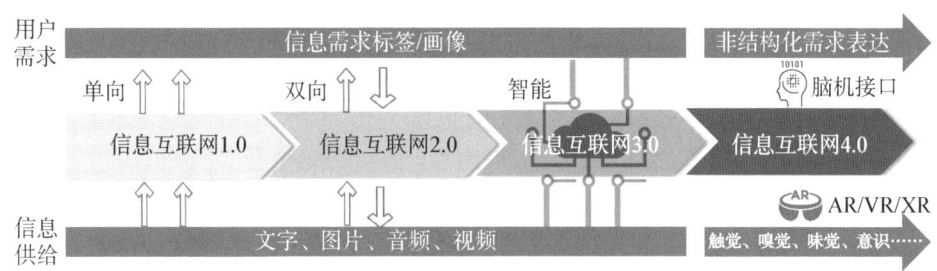

图2-3　信息互联网的进化

● **更加精准的用户需求数字化描述**

信息互联网的发展方向一种可能是进化到4.0阶段，即随着数字技术的进一步发展和完善，对信息供给的数字化描述更加精确，对用户需求画像的刻画更加精准，维度也更加丰富，进而实现更加精准、高效的数字化信息的连接和匹配。

目前，信息互联网所实现的信息匹配方式还比较原始。一方面，对信息的数字化描述过于粗糙，尤其是对图像、音频、视频等非结构化编码内容的数字化描述还有待技术的进一步突破。另一方面，用户需求的描述刻画在数据和算法层面过于简陋。

在信息的数字化描述方面，除了文字这一类结构化编码的数字内容，其他如图像、音频、视频等非结构化编码内容的数字化表示，多是通过给相关内容打数字化标签的方式，将其转化为结构化内容，再通过文本匹配规则实现信息需求和信息供给内容的规则化匹配。这种匹配方式虽然高效，但精准度不足。此外，给非结构化编码的数字内容打标签，肯定会导致信息的丢失，这将给更高精准度要求的信息供给和信息需求匹配带来极大的挑战。

在对用户需求的描述刻画方面，目前系统都是基于自身平台的用户浏览数据，而且这些数据的生成也基本都是基于用户浏览内容的标签所生成的。这种方式带来两个方面的弊端：一方面是数据来源范围非常狭窄，仅局限在自身平台；另一方面是对非结构化信息的标签化影响了对用户需求画像的精准刻画程度。

当然，对用户需求画像的精准刻画有可能面临严重的个人隐私泄露问题。在提供更加精准的用户需求数字化描述的同时，根据技术发展和社会可接受程度，如何重新定义个人隐私，个人隐私保护要确保到哪个层级，哪些需要依靠技术手段来实施，哪些需要依靠法律法规来保障，哪些需要更新、更高层面的技术哲学和社会发展哲学进行指导，都需要在技术进步和信息社会发展的背景下进一步探讨和研判。

● 更多类型信息的数字化

信息互联网的另一个可能发展方向是在实现了味觉、嗅觉、触觉和意识等内容的数字化之后，在新的领域和维度上的新一轮进化。一批具有这种技术能力的机构将开始负责这些新的类型信息的数字化，并对外提供相应的专业化服务能力，在此基础之上极有可能会将信息互联网近20年的发展历程再重新演化一遍，直到这些机构再次演变成为单纯的连接双边或多边的平台型机构。

未来的信息互联网到底是4.0阶段占主导，还是新一轮信息互联网发展的1.0到3.0阶段占主导，抑或是几种模式共存，还有待进一步观察。但是，对图像、音频和视频等非结构化编码内容的更加精细的数字化描述，对用户需求更加精准的刻画，对嗅觉、味觉、触觉、意识等维度上信息内容的数字化表示，以及对这些不同维度上信息的数字化综合，将成为未来信息互联网发展的新方向。

第三章
消费互联网的进化逻辑

消费互联网是互联网作用于人与人之间的交易环节,通过供给和需求的跨地域连接实现智能匹配,从而降低交易成本,提高交易效率的新的交易连接方式。消费互联网呈现以下特点:一是扩大了商品和服务的匹配范围,便于在更大空间内统筹供给和需求;二是通过标准化交易,降低了交易的制度性成本;三是个性化需求通过消费互联网基于长尾效应,汇聚为新的规模化市场;四是消费互联网为供给方提高商品和服务质量提供了数据支持。

近十几年，尤其是随着移动互联网的快速发展和普及，数字技术在人们衣、食、住、行等领域发挥的作用越来越大，互联网对这些领域的渗透越来越全面和深入，人们的生活方式也随之发生了相当大的变化。如果现在突然关闭消费互联网的网络应用，相信一大批在大城市里生活的年轻人可能真的会出现生活上的问题。由此可见，互联网对人类消费方式转型的影响之迅速和深刻。

3.1 消费互联网的界定和功能

消费互联网的界定

很多人将消费互联网直观地理解为互联网在消费领域的应用。这种看法肯定不错，但过于表层，难以看到事物的本质和发展趋势。

消费互联网在本质上是互联网作用于人与人之间的交易环节，通过供给和需求的跨地域连接实现智能匹配，从而降低交易成本、提高交易效率的新的交易连接方式。消费互联网连接和改变的领域几乎可以覆盖人类所有的交易环节，只是由于互联网技术被率先应用到了消费领域，才被称为消费互联网。

当前，消费互联网主要作用于与人们生活紧密相关的衣、食、住、行等领域。例如：在"衣"的领域，消费互联网平台有淘宝、京东、唯品会、苏宁易购等；在"食"的领域，消费互联网平台有美团、饿了么、大众点评等；在"住"的领域，消费互联网平台有携程、华住会等；在"行"的领域，消费互联网平台除了滴滴，原来的快的、现在的出行聚合平台高德地图之外，还有针对自行车出行的美团、哈啰单车，以及聚合了众多航空公司机票业务的携程等众多平台。

同时，消费互联网也已经开始作用于其他更多的商品和服务的交易环节，例如，涵盖整个钢铁贸易价值链的综合型全产业链服务平台找钢网，垂直型农资电商平台惠农网、一亩田、云农场、农一网，专注农村市场的电商平台点豆网、农资哈哈送，等等。事实上，证券交易系统、期货交易系统也是消费互联网领域的产品级应用，只是作用的场域不同而已，但本质上仍然是互联网作用于人们之间的交易环节。

由此可见，消费互联网不只是我们日常所理解的仅仅作用在人们衣、食、住、行等消费领域的事情。凡是涉及商品与服务的交易，或者商品和服务的供给与需求的连接和匹配的，都是消费互联网可以发挥作用的领域。

消费互联网的四大功能

消费互联网直接作用于人们的交易环节,基于大规模连接和智能匹配扩展了交易可触达的范围,数字技术的全方位应用也进一步规范了交易流程。在市场规模化扩张的基础上,原来难以被满足的个性化需求基于长尾效应被汇集在一起,新的市场空间得以出现。消费互联网在极大降低交易成本、提高交易效率的同时,还对交易环节之外的生产制造和服务能力供给、交易制度创新带来了积极的影响。表 3-1 总结了消费互联网对供需双方的影响。

表 3-1 消费互联网对供需双方的影响

角色 环节	需求方	供给方
连接和匹配	选择范围更宽、选择更加多样化、选择供给的针对性更强、商品价位更有竞争力	可供给区域扩大、供给针对性更强、商品和服务价格竞争压力更大
交易	降低交易成本,减少交易环节,提高交易效率	降低交易成本,减少交易环节,提高交易效率,可以更加专注于商品和服务供给
其他	为个性化精准推荐提供数据支持	为定制化/规模化生产、改进生产工艺、提高商品和服务质量、精准营销提供数据支持,可拓展新的市场空间

● 便于在更大范围内统筹供给和需求

消费互联网打破了商品供给的地域限制,商品的供给方甚至可以面向全球统筹商品生产和供给,也便于商品的需求方在全球范围内搜寻和匹配适宜的商品。部分可以跨地域部署的服务能力,也可以通过网络在全球范围内统筹调配其服务能力供给。对于无法或难以跨地域提供的服务能力,则可以通过网络提前锁定服务供给能力,便于服务提供方基于需求提前做好服务能力的安排、部署和局部调配,也便于服务需求方事先统筹安排未来工作计划。

消费互联网给了商品和服务的供给方在一个更大的空间内快速触达商品和服务需求方的机会,而不是像以往那样只能在一个极其有限的空间为一小部分固定人群提供商品和服务。同时,消费互联网也扩大了商品和服务需求方对商品和服务的选择范围，减少了商品和服务购买前期的搜寻成本，使商品和服务的需求方可以在更大的市场范围内快速、便宜地采购到满足其需求的商品和服务。

● 标准化降低交易成本

在没有消费互联网的时候，如果人们需要购买某类从来没有买过的商品，首先需要通过各种渠道去了解在哪里能够买到该商品，一般情况下还需要就品质、购买数量以及卖家声誉等内容货比三家。如果购买数量比较大的话，在确定卖家之后还需要就购买商品的相关要件进行谈判并签订买卖合同。在购买行为结束之后，如果卖家提供的商品存在质量或数量问题，还会涉及售后问题，有时甚至还要起诉到法院。在法院判决之后，可能还会涉及法院判决的执行问题。

以上只是商品购买者在购置商品时可能面临的问题。如果不是一手交钱一手交货的实时交易，卖家则面临买家什么时候付款、是分期付款还是一次性付款、购买之后会不会产生额外的售后维护等问题。如果买家没有实时付款，卖家还有可能陷入长期的货款追讨过程中。

即使不是新建立起来的商品买卖合作关系，长期固定有合作关系的老客户也经常会因为供货的及时性、供货的数量以及质量、回款等问题发生各种纠纷，最后诉诸法庭也并非罕见。

上面还仅仅是在商品的买卖过程中可能会出现的问题。如果是服务或服务能力的交易，则会面临更多的问题，交易双方甚至需要支付巨大的交易费用。

由此可见，在消费互联网还未普及的时候，一个简单的交易行为就会面临诸多问题，其中每一个环节都需要付出大量的人力、物力甚至财力，还会面临巨大的交易风险。消费互联网在商品和服务的供给与需求的数字化、规模化匹配基础之上，必然要基于数字技术带来交易流程的规范，以标准化的交易规则降低交易中的不确定性，降低交易过程中可能产生的制度性成本，减少交易全流程中的法律风险和其他方面可能产生的风险。同时，这种不确定性因素的减少、交易过程中制度性成本的降低和交易全过程中法律风险的降低，则可以允许商品和服务的供需双方将节省下来的时间、精力以及相关费用用于交易之外的其他环节，更好地配置资金和其他资源，提高资金和资源的使用效率。

● 长尾汇聚为新的规模化市场

在网络应用出现以前，受到市场本身的局限，很多个性化需求难以得到满足。网络技术的发展和网络应用的普及，使得原来受地域所局限的市场空间一下子被打开，从而使原来那些被忽视或没能被满足的个性化市场需求，基于长尾效应，快速汇聚为一个新的具有一定规模的市场。我们只要看一下淘宝上各种不起眼的小商品，就能明白消费互联网在这些领域所起的巨大作用。

消费互联网出现以后，很多新的服务供给也跟着出现了。例如，以往捕鼠、灭鼠都是每家每户的自行行为，但是，基于网络提供的便利，目前淘宝上出现了很多专门提供捕鼠、灭鼠服务的专业机构，这在以往是不可想象的事情。尽管这种服务还只能局限在本地，但与以往相比已经是巨大的进步了。也可以说，一个小众的专业化服务出现了。

● 为提高商品/服务质量提供数据支持

消费互联网还可以帮助商品和服务的供给方根据市场反馈针对市场需求改进其生产工艺，提高商品和服务质量。此外，嗅觉灵敏的创业者还可以通过消费互联网发掘出各种商机，研制出新的商品，开发出新的服务，从而开创出一个新的市场。

在改进商品和服务质量方面，不妨读一下中国工程院院士、阿里巴巴集团技术委员会主席王坚所著的《在线》。基于网络的实时在线功能，原来需要很多人员进行的软件测试工作，现在可以直接交给网络进行了。原来投入了大量人力、物力并且效果还不理想的软件测试工作，现在通过网络的在线和实时反馈，就可以高质量地在线完成软件的测试、优化和系统升级。

消费互联网的基本进化逻辑

消费互联网直接作用在人与人之间的交易环节。虽然计算机和网络是基于数字信号实现的供给-需求的连接和匹配，但是这些供给和需求都与人直接相关。因此，在商品和服务的供给-需求与人的连接层面，也就是人机接口部分，这些信息仍然需要以信息的方式呈现。从这个意义上讲，消费互联网是内含了信息互联网的。

目前，由计算机和网络实现的供给-需求的连接和匹配，虽然有些应用也用到了人工智能技术，但大部分还是基于文字或标签的匹配，匹配规则相对简单，匹配对象也相对固定。虽然人工智能具有很强的自我实现和自我发展可能，但目前还没有出现不合常理的供给-匹配现象。这一方面与不同的消费互联网平台专注于某一类商品或服务处理有关，同时也与这些平台的人工智能应用还处在初级阶段有关。

3.2 消费互联网的数字孪生和数字原生

消费互联网建立的基础和前提首先是交易供给内容的数字化,也就是商品和服务的数字化,其次是要实现交易需求的数字化描述。在此基础之上,我们才能将这些数字化的交易供给和需求通过互联网实现跨地域的连接,再基于数字化的供给内容属性和需求,进行相应的匹配。

商品和服务数字化的复杂性

基于消费互联网把商品和服务以及服务能力的供给与对商品和服务的需求连接起来,首先要做的是对商品和服务以及服务能力的数字化。但是,商品和服务以及服务能力的数字化要比信息的数字化复杂得多。

到目前为止,信息无外乎是人类通过视觉看到的和通过听觉听到的内容,归纳起来也就是文字、图像、音频和视频几种类型。人类需要表达的大部分信息内容是以文字的形式体现的,另外一部分信息是以音频的形式体现的,至于视频,在某种意义上可以看作是图像形式内容的叠加。因此,从最基本的层面来看,只要完成了文字、图像和音频的数字化,就基本可以完成到目前为止人类所面对的信息的数字化了。

人类最开始与计算机交互的媒介是文字。人类通过编码技术把人类使用的文字转换成了计算机能够存储、传输和处理的二进制数据,也是基于这种编码技术实现了对文本和标签信息的检索。

此后,人类针对图像、音频、视频的特点规律,发明了各种对应的编码算法。为了节省存储空间和网络带宽,人类还发明了各种数据压缩算法。这些编码和数据压缩算法实现了以图像、音频和视频形式为载体的信息的数字化转换、存储、传输和计算。

但是,人类就目前正在交易的商品从种类上来算也早已经有成千上万种了,更不用说同一类商品还会有不同的细分类别,每个细分类别中的不同商品也会有极大的差异。人类能够提供的服务和服务能力,就更是多如牛毛,从美容美发这种能够具象化的服务,到照看婴儿和老人,以及传授知识和技能这种虽然看得见、摸得着但难以用语言完全描述的服务,其间的细节更是千差万别。像"照看""传授"这种服务或者服务能力本身就是一种抽象的能力,而不像具体的商品那样看得见、摸得着,如何对其进行数字化的表述和表达,就成为一个巨大的问题。

基于数字孪生实现的商品和服务的数字化

消费互联网首先要完成的是基于数字孪生技术，把现实物理世界中提供给消费者的商品和服务以及服务能力转变为数字化要素。为保证这种由数字孪生技术生成的数字化描述的要素的真实性和可靠性，保障网络交易秩序，需要为这种数字孪生活动提供外部的法律和规章制度保证。

● 供给端商品的数字化

商品在一般意义上都是一个物理性的存在物。尽管从技术手段上我们可以从不同维度、依据不同的采样颗粒度把商品的绝大多数内容转化为数字，但对消费互联网而言，我们又确实没有必要这样做。消费者或商品的需求者对任何商品都会有一个大体的共识，对这种商品的共同属性往往不会有特别大的歧义。例如，当提到手机，大家自然就会想到这是一种移动通信工具，当前阶段的手机应该还有一些软件处理能力，但人们断不会问能不能用这个手机去砸核桃。因此，无论是通过消费互联网购买手机，还是在线下购买这种商品，消费者或商品的购买者都不会关注手机这件商品能不能砸核桃这方面的能力和相关数据，而只会关注手机应该表现出来的一些属性以及这几个属性的数字化内容。

手机属于标准化水平比较高的 3C 产品（3C 即计算机类、通信类和消费类电子产品三者的统称，亦称"信息家电"）。如果这个商品被标识为手机，那么它就应该具有手机普通意义上的功能，消费者关心的内容可能就只剩下了品牌、型号、价格、生产时间、机身尺寸和材料、CPU、内存大小、摄像头、是否支持双卡、网络支持、数据接口以及保修等。

如果消费者采购的商品是生鲜，如大虾，那么消费者比较关心的指标可能就包括了产地、价格、重量、品质、生产日期和保质期等。

消费互联网应用只要把大家通常关注的指标数字化并呈现在网络上，即完成了相应商品的数字化过程。商品数字化的过程，一方面有赖于大众对该类商品的共识的形成和共识水平的提高，这也意味着当我们说某个商品是什么的时候，大家自然就会有一个大致的认同；另一方面也有赖于商品生产的标准化程度越来越高，使得同类商品间的差异越来越小。这样，我们才可以在隐含商品的绝大部分信息的同时，突出其特殊属性。否则，如果我们把某一个商品的全部内容都转换成数据存储在计算机中，面对这些数据，可能大部分人都无从分辨这些数据代表的是什么。

现实生活中，人们需要的商品成千上万，商品与商品间又存在着或大或小、或多或少的差异。因此，对商品的数字化就不能像对信息的数字化那样操作。信息的数字化只需要完成几种类型的信息的数字化，再把这套标准或模板套到其他同类型的信息上，即可完成对应信息的数字化。然而，商品的数字化需要针对每一类商品先形成一整套关于这类商品的共识，也就是一些虽然可以明显标识出来却没有明显标识的隐性共识，然后在这类商品共识的基础上，再针对差异化的属性生成对应的差异化内容的数字化描述。

● 供给端服务和服务能力的数字化

如果说基于消费互联网完成商品供给的数字化还比较简单直观，那么基于消费互联网完成服务以及服务能力的数字化，就不是那么简单直观的事情了。

首先，能够纳入消费互联网的服务的类别一直在随着人类生活的拓展而不断地丰富发展。例如美甲，在传统年代基本就不可能成为一种专门的服务，更不用说还要通过互联网完成服务能力的数字化了。其次，不同品类的服务属性和特点具有极其巨大的差异，难以用同一套指标或模板来完成所有服务的数字化，只能一类服务一类服务分品类来进行。商品的数字化虽然也有这方面的问题，但商品相对来说更加具象，而不像服务能力这样抽象。对服务和服务能力的数字化，需要抽取的数据指标和对商品的数字化需要抽取的指标完全不同，很多服务和服务能力本身也是以差异化胜出的。再次，人类物质生活和精神生活的进一步拓展，使人们对服务的品质要求越来越高，对服务和服务能力供给的选择也会越来越挑剔，这就要求对服务和服务能力的数字化的粒度越来越精细。因此，服务或服务能力的数字化不是一朝一夕的事情，不是说哪天完成了哪类服务或服务能力的数字化就万事大吉、一劳永逸了，服务和服务能力的数字化必须随着人类生活的拓展和对生活品质的要求提高而逐步完善。

当然，供给端服务和服务能力的数字化仍然需要通过数字孪生，将抽象的服务和服务能力转换为数字化内容并以信息的方式对外呈现，如出行能力、住宿保障能力等。

例如，高德地图提供的出行用车聚合服务，就将用车服务的相关内容分为了特价车、经济型车、出租车、优享型、品质专车、六座商务车、豪华车等几大类，每一类下面又区分了不同的可提供服务的公司，以及每家公司本次出行的预估价格等指标。当然，在这些区分性指标之外，高德地图还提供了一些共性的指标，例如，现在如果从当前位置出发，到目的地大概需要的时间，当前位置到目的地的距离等。基于这些指标生成的数字化的用车服务能力，在目前阶段基本可以表达和匹配不同类型用户对用车出行服务的要求。

又如，酒店住宿服务。酒店主要对外提供住宿服务，与此配套的还会提供一些其他特色服务，如是否可以加床、是否有停车场、是否可以携带宠物等。携程的酒店服务项目以及华住会，都会对酒店的名称、位置、等级、房间数量、已住宿的顾客评分、酒店离客户目标点的直线距离、酒店亮点及设施、开业年份、提供的房型及对应的价格、前台服务内容、清洁服务内容、商务服务内容、酒店入住政策、是否有早餐、支付方式等信息进行数字化展示。

● **供给数字化的法律和规章制度保证**

无论是商品的数字化，还是服务或服务能力的数字化，都是对现实生活中存在的商品、服务以及服务能力的数字化，完成的是从现实物理世界向数字世界的一种映射。这种映射以完美呈现现实物理世界为最高标准和原则。

我们知道，现实物理世界有现实物理世界运行的规则，如法律、制度、规定等。数字世界当然也有数字世界运行的准则。消费互联网的商品和服务以及服务能力都来自现实物理世界，因此，还需要以现实物理世界的运行规则作为其基本运行准则。例如，我们需要保证通过消费互联网购买的商品和服务，要与现实物理世界中对应的商品和服务一致，或者通过消费互联网我们享受到的商品和服务要与这些商品和服务在消费互联网应用中展现的指标相一致。如果不一致，就需要现实物理世界中的相关法律、制度、规定对其作出裁决。

也就是说，消费互联网的良性运行，需要外部的一些基础设施作为支撑和保障，否则我们将无法确保消费互联网应用中展现的数字化内容与线下商品和服务之间的对应。这些外部的基础设施包括相关的法律法规，如《中华人民共和国消费者权益保护法》《中华人民共和国电子商务法》等，也包括以平台为代表的中间机构甚至相关的执法机构。这些外部基础设施的不完善可能也是消费互联网对人类社会数字化转型影响尚不完全和深刻的原因吧。

基于数字原生实现的数字化商品和服务

随着技术的发展和进步，人类的精神生活得到了进一步的丰富和拓展，一些在现实物理世界中完全不存在的商品、服务或服务能力已经开始在数字世界中出现了。这种基于数字原生技术实现的商品、服务或服务能力，大量出现在网络游戏中,如游戏中的各种装备,而网络游戏本身就是基于数字原生技术实现的一种服务。

随着区块链技术的发展,一种被称为 NFT 的完全数字化的产品在 2021 年开始大行其道。NFT 是建立在区块链公有链上的完全的数字化产品,NFT 表达的是其背后所代表的内容的所有权。NFT 背后所代表的内容,既可以是现实物理世界中某些商品的数字化的映射,也可以是完全的数字世界的商品,如某些数字化的头像、小图片、歌曲或影视产品等。NFT 的功能类似加密令牌,但不同于比特币和以太币等加密货币的是,NFT 彼此之间不可相互替代,也就不能被复制。NFT 所具备的独特标识和元数据使它们能够区分彼此,互不干扰。

NFT 一级市场是在资产发行阶段进行交易,二级市场以 P2P 交易,即点对点交易为主。2021—2022 年,NFT 二级市场交易额呈现增长态势,二级市场交易占主导地位的情况反映出 NFT 市场正在趋于成熟。目前,主要的 NFT 二级市场包括 Opensea、SuperRare、Rarible、Nifty Gate way 等。其中,Opensea 是目前规模最大的综合 NFT 交易市场,几乎所有 NFT 资产都在该平台上交易,Opensea 也成为 NFT 交易平台中的"亚马逊"。与此同时,围绕 NFT 的发行和交易,一批服务机构也已经在区块链世界出现,如帮助其他人发行 NFT。

由此可见,消费互联网已经开始脱离现实物理世界,虚拟的完全数字化世界中的消费互联网大幕已经拉开。

对商品和服务需求的数字化

基于消费互联网所实现的对商品、服务和服务能力的数字化,只是供给端供给能力的数字化,从完整的交易连接和匹配来讲,还需要完成交易需求的数字化。

信息互联网是基于不同主体对信息的浏览记录和相对比较简单的人工智能算法,通过对信息打一系列标签,完成了对用户的信息需求画像。商品供给-需求层面的消费互联网也是基于不同业务主体对不同商品的购买、浏览等网上行为,再基于一定的算法,生成了人对商品需求的画像,之后再将相应的商品推送到对应的人。

总体而言,消费互联网在人对商品和服务的需求方面的数字化,还处于相当初级的阶段。未来,除了继续基于大数据和人工智能算法之外,关键还需要基于对人的真实需求的认知,实现对人的相对模糊的需求的更细粒度、更加智能化的描述和表达,而不是靠人类的主动非智能化的搜索。

3.3 消费互联网的进化路径和实现逻辑

不同商品、服务以及服务能力的差别，使得消费互联网推进数字化转型的进化路径和实现逻辑会有所不同。

双边平台实现的连接和匹配

互联网崛起以后，平台作为一种新型经济形态，在市场上开始发挥重要作用。无论是在信息互联网领域，还是在消费互联网领域，抑或是产业互联网领域，平台对社会政治、经济、文化的运行都发挥着越来越重要的作用。甚至有学者指出，平台就是市场，因为平台不仅连接着市场的供给和需求，还会通过其内嵌的各种算法，决定各种商品、服务以及服务能力是否能够触达其目标客户。平台在某种程度上已经成为权力的分配和资源的配置机构。

在各种类型的平台中，影响最大的可能就是双边市场平台了。在消费互联网领域，双边市场平台一边连接着商品、服务以及服务能力的供给方，另一边连接着商品、服务以及服务能力的需求方，平台在其中负责商品、服务和服务能力的供给-需求连接以及匹配，并基于技术能力和其他能力，保障交易流程的规则化，降低交易成本。图3-1展示了消费互联网中的双边平台和供需双方关系。

图3-1 消费互联网中的双边平台和供需双方的关系

● **连接商品的双边平台**

淘宝就是典型的连接商品供给和需求的双边市场平台。淘宝一边连接着众多商品的供给方，另一边连接着这些商品的需求方，自己作为交易的连接方。这种双边平台一方面扩大了商品供给方的市场空间，使商品的供给方可以在淘宝所能连接到的所有地理空间开展业务，同时也使商品的需求方可以在淘宝所能连接到的所有商品供给范围内统筹其资源采购。数字技术的应用还使商品的供给和需求方都可以快速完成竞品的对比和分析，为商品供给方合理定价提供了巨大的数据支持，也使商品的需求方可以快速完成货比三家，在全网范围内采购到最物美价廉的商品。

淘宝还开发了支付宝，以自身信誉作为担保，在保证商品需求方确实拿到了对应的商品之后，才将需求方在下订单时就打到支付宝中的资金转给商品提供方。同时，淘宝还投资了众多快递公司，作为淘宝双边平台的线下物流配套。此外，淘宝还增加了对购买商品的评价环节，商品的需求方可以对买到的商品进行评价，这不仅使后面的购买者可以根据前期购买者的评价评判是否要购买该商品，也使淘宝本身拥有了关于不同商品、商家的海量数据，作为后期对商品、商家实行不同政策的依据。

●连接服务的双边平台

华住会就是典型的连接服务以及服务能力的双边市场平台。华住会作为匹配住宿服务的平台型机构，一边连接着众多能够提供住宿服务的酒店，另一边连接着有住宿需求的客户。

华住会在帮助酒店完成其服务能力数字化的同时，也对不同类型客户的住宿需求从不同的维度进行了数字化处理，从而能够针对客户的需求，推送给客户能满足其住宿要求的酒店和房间。

华住会这一类提供服务及服务能力供给需求匹配的平台，也开发了自己的支付系统，以自身信誉作为担保，保障了顾客在住宿之后的支付安全。当然，在对客户进行充分的信用评价基础之上，华住会还对不同信用的客户开发了多种支付方式。针对不同类型酒店的特殊要求，也对不同酒店的住宿押金支付、发票开具等要求给出了相应的可选项。

通过数字技术，华住会完成了对酒店住宿这一类型服务和服务能力的供给-需求连接和智能匹配。

单边平台实现的连接和匹配

在商品、服务以及服务能力的供给-需求的连接和匹配的双边平台大行其道的同时，另一类单边平台也大量存在。这一类平台大部分是商品或服务以及服务能力的供给方，基于自身的商品、服务或服务能力，自建数字化平台，对外提供相应的商品和服务。但是，也有一部分平台是商品或服务以及服务能力的需求方自建的。

●单边商品供给平台

京东自营就是典型的单边平台。京东通过自建仓库、自行采购相应的商品，并自己完成这些商品的数字化，之后对外提供这些商品的销售，自行完成从商品供给到商品需求的匹配。

早年的当当网也是这种模式。尽管当当网自己不出版图书，但当当网也是通过自建仓库，自行采购图书，实现图书在全网范围内的数字化销售。

当然，后期京东、当当也开始让更多商家入驻，在保留其单边平台的同时也开始具备双边平台的属性。

● 单边服务和服务能力供给平台

到目前为止，物流行业占据主导地位的还是单边的服务和服务能力供给方式。物流领域的聚合平台也有几家，但尚不成气候。从日常习惯来讲，无论是"四通一达"，还是顺丰，如果我们需要接入他们的服务，一般情况下还是会到他们的网站或联系到他们的工作人员，才能开始享受他们的服务。

● 单边商品、服务和服务能力需求平台

消费互联网在商品-服务、供给-需求、单边平台-双边平台等3个维度上的不同组合，就带来了6种不同的消费互联网进化模式，即基于商品供给的单边平台、基于商品需求的单边平台、基于商品供给-需求的双边平台、基于服务供给的单边平台、基于服务需求的单边平台、基于服务及服务能力供给-需求的双边平台。

在日用消费品领域，我们很少看到基于商品或基于服务需求的单边平台，但这一类单边平台大量存在于一些供应链领域的大型企业。这些大型企业由于对外采购的商品或服务种类众多，数量巨大，很多商品和服务又具有一定的专业性，因此很难被外界所知晓。

通常，这一类企业本身就是平台型企业。它们通过自建的平台，对外发布自己数字化的商品和服务需求，再由不同的商品和服务供给方登录这些企业网站，以自己的商品和服务匹配平台对特定商品和服务的需求。

这一类平台在某种程度上与京东、"四通一达"等物流企业的自建平台类似，都是以自身信誉作为担保，确保交易可执行和交易效率。

进化路径差异化的内在原因

由以上分析可见，消费互联网的进化存在着几种不同的进化路径，并有其不同的内在逻辑。这其中存在的差异既与不同品类"商品"和"服务"的特点相关，也和不同类别"商品"和"服务"的特点带来的市场结构有关，同时也与市场的发展阶段息息相关。

我们先看一下"商品"方面的市场表现。虽然淘宝、京东都是消费互联网平台，但是它们的连接模式并不完全相同。淘宝是比较纯粹的平台，主要是 C2C 或 B2C，后来也有了 B2B。以上几种模式京东当然也都有，但京东还有一大块是自营。自营的模式已经相当于供给方单独发布供给能力。

京东本身不是"商品"的生产方，但其通过自己采购、自建仓库等重资本运作，整合了不同商品的生产能力和商品输出环节，从而在商品流通的上游对商品的生产方具备了近乎垄断的地位，但同时京东也承担了商品的定制、上游的物流、存储以及销售方面的风险。在这个方面，京东相当于在"商品"的生产、上游流通、仓储和销售环节改变了其自营"商品"的市场结构。

我们再来看"服务"方面的市场表现。携程的酒店住宿服务业务，以及滴滴的用车服务业务，连接的大多是小企业，这些小企业本身的数字化能力有限，任何一家小企业对市场，尤其是对大型市场的整合能力也有限。这里的数字化能力，不仅包括自身业务的数字化能力，也包括市场营销的数字化能力。因此，从新制度经济学创始人罗纳德·科斯（Ronald Coase）所撰写的《企业的性质》的角度来看，企业是将一部分本来应该内化为企业能力的职能外化为市场能力。同时，由于小企业在市场处于弱势，基于它们可以接受的市场价格，接受大平台的整合，同时接受大平台提供的业务数字化能力和市场营销的数字化能力，就成为这些小企业理性的数字化转型选择。

携程的"机票"业务，则是与不同航空公司自身的数字化平台建设并行的。但是，携程对不同航空公司的"机票"业务进行了聚合，由此就出现了两种不同类型的数字化平台建设的平行发展。在物流领域，不同物流公司本身已经具备了相当大的规模，市场集中度较高，物流企业本身的数字化程度也较高，又基本都具有遍布全国的网络服务供给和网络服务需求的匹配能力，自然不愿意被其他平台整合，一般都是自己实施数字化转型工作，自建数字化平台，向市场发布自己的服务供给能力。"四通一达"、顺丰无不如此。但是，基于携程"机票"业务的先例，未来是否会在物流领域出现占据主导地位的服务供给能力的聚合平台，可能还需要进一步观察。实际上，这取决于不同市场主体的资源整合能力和市场议价能力。

消费互联网进化的未来

我们将消费互联网界定为作用于人与人之间的交易环节的网络化应用。由这个界定可以看出，消费互联网的发展远未到达其终点。互联网截至目前并没有完成对人类物质生活和精神生活的全覆盖，人类的物质生活和精神生活还存在相当多的空白区域需要互联网和数字技术的渗透。

随着科技的发展和生产力水平的进一步提升，人类所能够创造出来的商品和服务无疑会更加丰富，而这个过程必然伴随更多的产品完成向商品的转变。同时，人类在精神领域可能创造出来的内容和服务会呈爆炸性增长。这些供给内容的增长，无疑会促进消费互联网的进一步发展。

消费互联网在如何完善商品-服务的数字化，如何完善人对商品-服务需求的数字化方面，还有相当大的发展空间。目前，消费互联网所完成的商品-服务的供给和需求的数字化，还是相当简单的数字化。这些简单的数字化对一般的通用性标准化商品还可以适用，但一些非标准化的或个性化的商品和服务如何实现和完善其数字化，就是一件比较麻烦的事情了。

此外，如何在数字化的基础上实现更加高效的连接和匹配，如何基于数字技术实现交易制度规则的数字化，并确保数字化交易规则和制度可执行，都是未来消费互联网需要面对和解决的重大问题。

第四章
产业互联网的进化逻辑

产业互联网在完成产业相关要素数字化的基础上,基于数字逻辑,并在现实生产关系的约束下,将对产业链内部和产业链间的价值关系、企业及其上下游关系、产品和服务的供需关系、企业的空间布局等内容进行重塑和改造。产业互联网在总体上包括了信息互联网、消费互联网和工业互联网的相关内容。

人们经常把产业互联网与消费互联网并列,认为消费互联网是互联网的上半场,而产业互联网则是互联网的下半场。那么,什么是产业互联网,产业互联网需要完成哪些内容的数字化,产业互联网的数字化转型路径和转型逻辑又应该是怎样的呢?

4.1 产业互联网进化探源

产业互联网的界定和作用域

●产业互联网及相关概念界定

目前,国内比较认可的产业互联网定义来自清华大学博士后陈春春。陈春春在其《产业互联网的定义和分类》一文中指出,产业互联网是基于互联网技术和生态,对各个垂直产业的产业链和内部的价值链进行重塑和改造,从而形成的互联网生态和形态。

产业互联网有两个理论渊源,一个是英语中的"industrial internet",一个则来自国内产业界的实践。英语中的"industrial internet"最早来自弗若斯特沙利文(Frost & Sullivan)咨询公司,该公司于 2000 年发布的一份报告将"industrial internet"定义为用复杂物理机器和网络化传感器及软件实现的制造业企业互联。2012 年,通用公司在《产业互联网:打破智慧与机器的边界》报告中再次提及这一概念。

由于中文和英文语境的不同,这一定义在国内更多被译为"工业互联网"。国内一批专注于为"B端用户"提供企业服务的机构,则将其业务命名为"产业互联网"。

产业互联网显然涵盖了工业互联网。本文从陈春春的定义开始分析。陈春春的定义中涉及了产业链和价值链。那么,什么是产业链?什么是价值链?

所谓产业链,是指各个产业部门基于一定的技术经济关联,并依据特定的逻辑关系和时空布局关系客观形成的链条式关联关系形态。产业链是一个包含价值链、企业链、供需链和空间链等 4 个维度的概念。这 4 个维度在相互对接的均衡过程中形成了产业链,这种"对接机制"是产业链形成的内模式,作为一种客观规律,它像一只"无形之手"调控产业链的形成。

产业链的本质是用于描述一个具有某种内在联系的企业群结构,它是一个相对宏观的概念,存在两维属性:结构属性和价值属性。产业链中大量存在着上下游关系和相互价值的交换,上游环节向下游环节输送产品或服务,下游环节向上游环节反馈信息。

价值链（value chain）的概念首先由竞争战略之父、哈佛大学商学院教授迈克尔·波特（Michael Porter）于1985年提出。最初，波特所指的价值链主要是针对垂直一体化公司的，强调单个企业的竞争优势。随着国际外包业务的开展，波特于1998年进一步提出了价值体系（value system）的概念，将研究视角扩展到不同的公司之间，这与后来出现的全球价值链（global value chain）的概念有一定的共通之处。之后，美国著名组织和战略学者布鲁斯·科格特（Bruce Kogut）也提出了价值链的概念，他的观点比波特的观点更能反映价值链的垂直分离和全球空间再配置之间的关系。2001年，美国杜克大学教授加里·格里芬（Gary Gereffi）在分析全球范围内国际分工与产业联系问题时，提出了全球价值链的概念。全球价值链的概念提供了一种基于网络、用来分析国际性生产的地理和组织特征的分析方法，揭示了全球产业的动态特征。

"产业"的范围过于宽泛，"产业"本身的范畴也在不断拓展，而且不同"产业"之间的差异又过于巨大，目前我们还难以从根本上把握互联网技术和生态作用于"产业"将形成怎样的互联网生态和形态，以及这种新的互联网生态和形态该如何描述。但是，互联网及相关技术对产业的作用域绝不仅仅局限于产业链。如果我们仅将产业互联网定位为互联网技术和生态作用于产业链所带来的网络生态和形态，虽然从观察和分析角度可能更容易找到抓手和切入点，但会失去很多我们观察和分析产业互联网数字化转型的视角和内容。

●产业互联网的技术本质和作用域

前面给出的产业互联网的界定只是对产业互联网的一个外部描述，就类似于"消费互联网是互联网在人类消费领域的应用"一样，是一个并未深度探究产业互联网本质作用的描述性说法。产业互联网中互联网技术和生态将作用于各个垂直产业的产业链和内部价值链的哪些要素？产业互联网如何实现产业链和价值链的重塑和改造？重塑和改造之后形成的互联网生态和形态又是怎样的？目前还未有明显的界定。

由产业链定义可知，价值链本就内嵌于产业链之中，产业互联网要重塑和改造的也远远不止产业链和其内部的价值链这两个内容。

对传统意义上的产业或产业链来讲，互联网和相关的数字技术首先是一个外部变量，也是外生因素。任何产业活动都是围绕着价值创造活动展开的。因此，互联网和相关的数字技术必然要全方位作用于产业中的价值创造活动，进而作用于与这种价值创造活动紧密相关的众多产业环节，上下游企业及企业间关系，由不同企业生产或供给的产品、设备和服务以及这些产品、设备和服务的供需关系,以及企业的空间布局等内容。互联网和相关的数字技术通过调整、优化和重构这些产业要素的连接和匹配方式,形成产业链内及产业链间更高效的价值创造方式和更公平的价值分配方式。

在完成产业的数字化转型之后,互联网和相关的数字技术也将从产业的一个外部变量或外生因素,变为新的数字化的产业组织和产业生态的一个内部变量或内生因素。

基于以上分析,我们将产业互联网的定义拓展为"产业互联网是互联网技术和生态对各个垂直产业的产业链内部和产业链间的价值关系、企业及其上下游关系、产品和服务的供需关系、企业的空间布局等内容进行的重塑和改造,进而在产业链内以及产业链间发生的产业形态转变"。

因此,产业互联网需要对原来不同企业、不同产业链内部、产业链间以至全产业所依据的特定的价值创造逻辑、价值分配关系和时空布局等要素进行调整,对产业链内及产业链间所包含的价值链、企业链、供需链和空间链进行调整,对这4个维度的"对接机制"进行调整。由此,按照由小到大的顺序,产业互联网数字化转型的作用域就包括了企业内部、产业链内、产业链间,以至全产业。图4-1示意了产业互联网对传统产业链的改造逻辑。

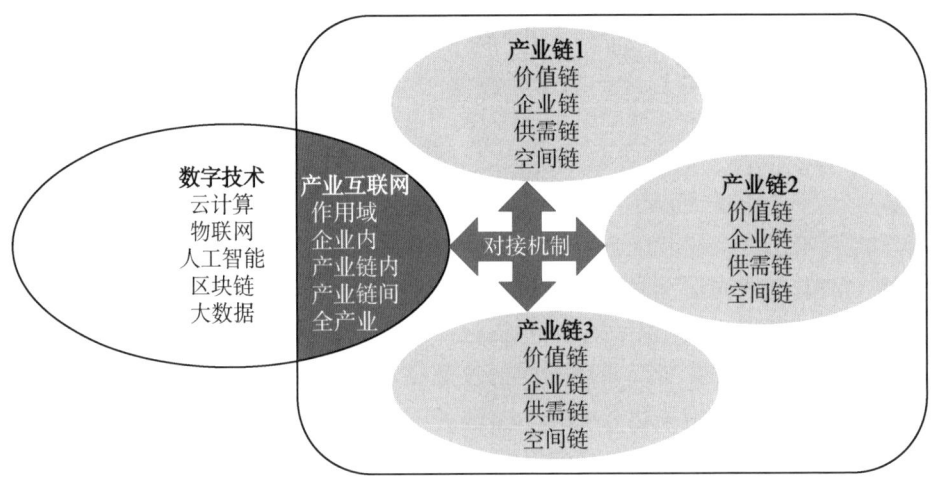

图4-1 产业互联网对传统产业链的改造逻辑

产业互联网的数字化转型

如果说消费互联网主要是对现有商品/服务的供给-需求的大范围连接和智能匹配,基于数字技术规范了交易流程,从而降低了交易成本,提高了交易效率，那么产业互联网除了在广义上需要围绕价值创造和价值分配方式对产业单元内外部要素的组合方式、供需关系和空间布局进行调整之外，更需要从全产业链角度解决不同产业环节对个性化需求的要求，实现生产制造工艺的精准和生产全流程的零故障。这也就意味着，产业互联网必须进入生产制造环节，并将生产制造环节与交易环节整合为一体。只有基于以上这些内容，产业互联网才能够完整实现其价值生产和价值创造方式的优化和重构。

信息互联网主要实现了信息供给-需求的大范围连接和智能匹配，这种智能匹配是以人对信息的需求为中心的。消费互联网主要实现了商品/服务的供给-需求的大范围连接和智能匹配，这种智能匹配也是以消费者对商品/服务的需求为中心的。尽管这种连接和匹配极大地降低了交易成本，提升了交易效率，但从总体上来说，信息互联网和消费互联网并没有进入价值生产和价值创造环节，只是减少了价值被耗散的程度，实现了更加优化的价值分配。产业互联网则需要进入生产制造环节，进入价值生产和价值创造环节，并匹配信息互联网和消费互联网，确保生产和创造出来的价值尽可能少地被耗散掉，并在更大范围内确保价值生产和价值创造的成果获得最佳的分配。

因此，我们必须对产业互联网的作用域进行拓展，向内拓展到企业内部的生产制造环节，向外拓展到整个产业范畴。否则，产业互联网所关注的可能还仅仅是不同环节之间的连接和匹配。尽管产业互联网需要连接和匹配的要素更多，关系更为复杂，但如果产业互联网不进入生产制造环节，那么产业互联网就仍然只是在消费互联网维度上的拓展。

由此可见，产业互联网的数字化转型是以产业链内和产业链间的各种要素和关系为数字化的对象和基本单元，基于数字逻辑，围绕价值创造和价值分配，对生产制造、产品和服务供需、企业空间布局等内容进行数字化业务流程重构。

从信息互联网到产业互联网的转型深化

从信息互联网到消费互联网，再到产业互联网，互联网发挥作用的领域越来越宽泛，对现实生活的渗透越来越深入，带来的转型也越来越全面和深刻。

如果用点、线、面、体的包含和递进关系来概括总结目前我们看到的各种形态的数字化转型，那么，信息互联网通过将互联网和数字技术作用于信息这一个"点"上带来了人类信息表达和信息获取方式的改变。消费互联网则通过将互联网和数字技术作用于人与人之间的商品/服务的交易环节而带来了商品和服务获取方式的改变，是互联网和相关数字技术在"线"的层面上给人们生活带来的改变。

消费互联网在网络与人的连接层面仍然是以信息的方式体现的,因此,消费互联网的产生和发展,以及消费互联网带来的数字化转型,仍然离不开信息的表达和信息的获取。从这一点也可以大体认为,消费互联网是内含了信息互联网的。当然,信息互联网与消费互联网的发展并不会完全重叠,尤其信息互联网的下一步发展有很大一部分内容将独立于消费互联网之外,并有可能向其他领域渗透。

产业互联网则通过将互联网和相关的数字技术作用在产业链内以及产业链间的所有环节,在生产制造环节以外带来了价值实现和分配方式、企业上下游关系、产品和服务供需关系、企业空间布局等内容和连接方式的改变,在生产制造环节以内变革了生产工艺和生产的内部流程,同时带来了包括企业内部和外部管理组织形态等内容在内的全方位的转型。产业互联网数字化转型既包括了交易环节的转型,也包括了生产制造环节的转型,是更加全面的"面"的层次上发生的转型。

由此可见,产业互联网必然包括工业互联网,而工业互联网的内部生产工艺和业务流程的变更更多的是基于数据而非基于信息实现的。因此,工业互联网基本不涉及信息互联网的内容。

元宇宙将要带来的则是互联网和数字技术对人类生产生活的全方位重构,包含了信息互联网、消费互联网、工业互联网和产业互联网。由此,我们就得出了如图4-2所示的互联网不同应用形态的逻辑关系图。

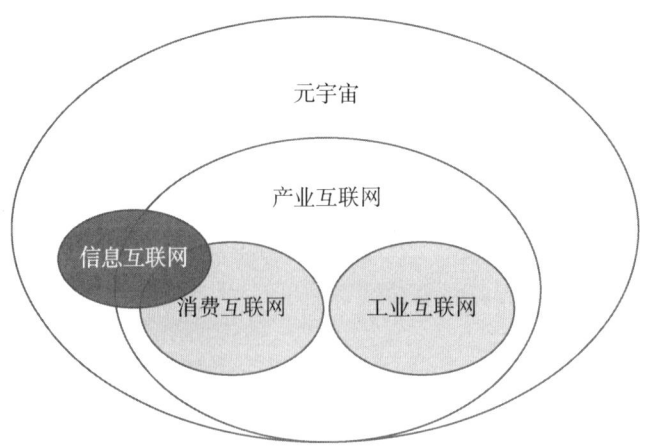

图 4-2 互联网和数字化在不同领域应用的逻辑关系

4.2 产业互联网相关要素的数字化

产业互联网相关要素的数字化比信息互联网和消费互联网要复杂得多。信息互联网需要数字化的内容，无外乎是各种信息的数字化以及人对信息需求的数字化。消费互联网需要数字化的内容，从种类来看是各种商品和服务的数字化以及人对商品和服务需求的数字化。产业互联网需要渗透到与产业相关的所有领域，既有实际工业生产中的产品设备，也有不同类型生产要素之间的关联关系和业务流程，还有不同的人和组织机构，甚至还需要研究如何对产业组织和产业生态实施数字化。

产业互联网要素数字化的特殊性

要素的数字化是数字化转型的前提和基础，但数字化转型的方式和逻辑也决定了需要对要素的哪些内容实现数字化，以及如何实现数字化。

例如，在消费互联网业务形态下，尽管我们可以从很多角度对一件商品数字化，如质量、体积、功能、形状、品质等，但是从供给-需求的角度，我们只需要把这件商品满足用户需求的那部分内容数字化即可，而没有必要用到如全息投影等先进技术以极大的成本实现这件商品从里到外100%内容的数字化。实际上，无论我们从多少个角度，用多精密的采样技术，都无法100%实现对现实商品的数字化描述。因为任何一件商品，除了它本身具有的物理属性之外，还具有相当丰富的社会属性，而一件商品的社会属性是与时俱进、不断丰富和发展的。

信息的数字化也存在同样的问题。即使我们可以对各种格式的数字化信息实现内容的全文检索，如对音频、图像以及视频等格式的数字化内容的全文检索，并能够在全文检索的基础上实现对这些更加丰富和全面的内容供给-需求的连接和匹配，但在如何将现实生活中实际存在的图像、音频和视频等内容转换成数字化内容方面，还是存在采样精度的问题，没有办法实现100%的数字化。

产业互联网的数字化转型方式和转型逻辑，与信息互联网、消费互联网存在巨大差异。因此，需要数字化的要素内容会存在巨大差异，对要素的哪些内容需要实现数字化也存在巨大差异。

例如，产业互联网对数字化要素内容的连接和匹配，就与信息互联网和消费互联网存在较大差异。信息互联网和消费互联网更多的是从需求方的需求入手，实现对信息、商品和服务的数字化，并基于互联网的大范围连接实现信息、商品和服务的供给到需求的触达。信息互联网和消费互联网的需求主要是不同人的偏好,这种偏好存在一定共性的同时会呈现千人千面,所以对信息、商品和服务的供给的数字化只要能够满足这些差异性需求内容的数字化也就差不多够用了。

产业互联网在产业链内以及产业链间的每一个环节、每一个细分领域的需求与信息互联网和消费互联网的需求不完全相同。产业互联网更多会依据产业逻辑和业务功能需求去匹配更合适的对象,匹配的指标也会是更具客观性的指标,匹配的过程大部分也是标准化操作。信息互联网和消费互联网的需求更加主观、模糊和不明确,需要靠一定的人工智能学习能力才能实现不同的人对信息、商品和服务的差异化需求描述。

产业互联网数字化涉及的要素内容数量多、种类杂,而且很多需要数字化的要素内容会更加抽象,需要把原来现实生活中很多隐性的内容显性化并数字化。因此,我们必须选择一个合适的角度,从一个合适的层面切入,才有可能从总体上把握产业互联网数字化的全貌。

为分析方便,我们在本书中按照设备和中间产品、人和组织机构、关联关系和业务流程、产业链和产业生态的逻辑来分析产业互联网要素内容的数字化。其中,设备和中间产品、人和组织机构、关联关系和业务流程,既涉及企业内部,也涉及产业链内和产业链间,而产业链和产业生态则主要涉及产业链间和全产业。图4-3给出了产业互联网要素内容的数字化及其相关环节。

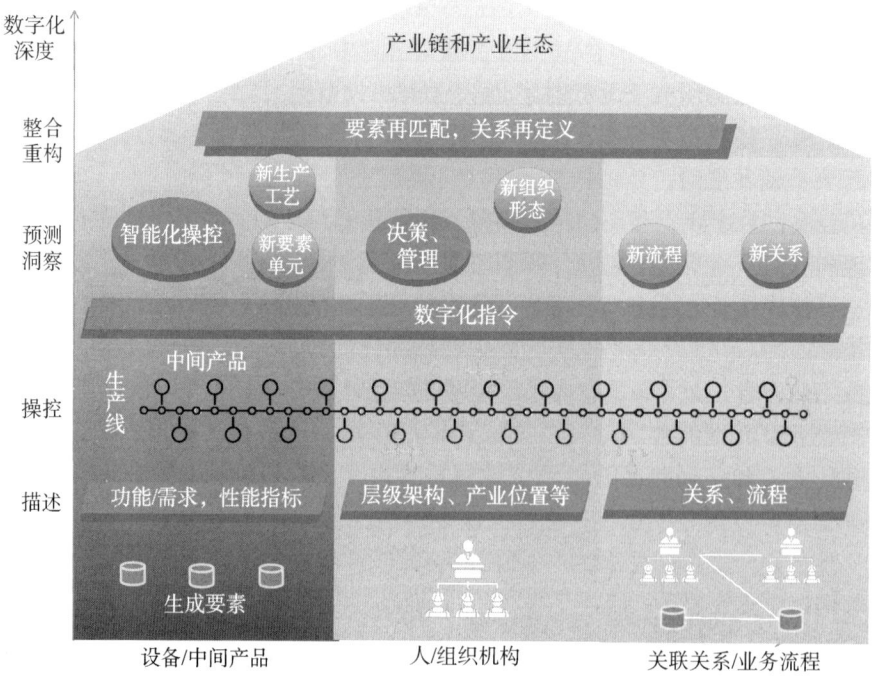

图4-3 产业互联网要素内容的数字化及其相关环节

设备和中间产品的数字化

人类的任何生产活动，最终都是为了满足人类自身的需求。但是，随着社会的发展和技术的进步，产业环节越来越多，业务生产链条越拉越长，产品和服务的生产效率越来越高，生产的产品和服务的种类和数量也越来越多。生产链条的拉长以及生产活动专业性的提高，使得每个人都只能成为长长的产业链上某个生产环节中的一个节点。同时，人和人基于生产和其他方面的需要不得不组织在一起，成为具有特定生产功能的组织机构。由不同的人以及组织机构生产的这些产品，不再是仅仅满足人类自身的直接生活需要，更多的产品是为了满足进一步生产的需要，也就产生了产品和设备的区别。

直接满足人类自身生活需要的信息、商品和服务等内容以及这些内容的数字化，我们在前面两章已经分析过，这一节重点分析作为生产活动过程中的设备以及中间产品的数字化问题。

对产业互联网，尤其是工业互联网而言，设备是其中的重要生产要素，每一种设备都会位于某一个或某几个产业链中的某一个或某几个生产环节上。这个过程同时伴随更多中间产品的产生。大多数中间产品既是上一个环节要素生产内容的输出，也是下一个环节要素生产内容的输入。大多数设备既是上一个环节要素生产内容输出的承接者，也就相当于上一个环节要素生产内容输出的需求者，同时也是下一个环节要素生产内容需求的供给者。这些设备对外都会呈现其相应的功能需求和性能指标。功能需求需要匹配上一个环节要素生产内容的输出，性能指标则需要匹配下一个环节要素生产内容的输入需求。因此，我们可以统一从供给-需求或者输入-输出的角度，对中间产品和设备等要素内容进行数字化，而不需要再从功能/需求或性能/供给的角度分别分析每一个中间产品和设备或每一类中间产品和设备的数字化问题了。

值得注意的是，这些设备要对接的，既有可能是同一业务流程中的上下游设备，也有可能是人，毕竟很多设备需要接受人的操控。当然，未来这种操控大部分会变成数字化技术对这些设备的操控。但是，无论这些设备对接的是数字化技术还是人，它的功能参数或指标都是有共性的，在属性上是相同的，即使是不同的人操控同一个设备，操控的依据是相同的，操控的步骤是一样的，设备在被操控之后的动作和输出结果也必须是一致的。信息互联网、消费互联网中信息、商品和服务的需求方是具体的人，每个人的需求是不同的。因此，在信息互联网和消费互联网中，针对同样类型的信息、商品和服务，不同的人的选择是完全有可能不同的。

无论是哪一种设备，都需要针对其在特定产业链或业务流程中的上下游设备对其的功能需求和性能指标进行相应的数字化处理。这些功能需求包括具体的功能接口规范、可接受的内容属性及其指标范围，以及该设备可接受的指令，也就是该设备的可操控性。无论是人来操控这些设备，还是数字化系统基于代码和数据来操控这些设备，大部分设备都需要具有一定的可操控性，这也是产业互联网的设备与消费互联网中的产品/服务不同的地方。

当然，任何一个设备，在接受外部输入指令之后，其内部必然要执行一系列的操作，才能够对外提供相应的功能。设备内部的一系列操作，也必然随着数字技术渗透的深入而逐渐由原来的电力驱动、机械传动变为数字化的指令驱动。这些设备内部的数字化问题，就是机电一体化领域需要具体处理的问题了。

产业链中的每一个设备，对外也都会呈现一系列的性能指标。这些性能指标有些是纯粹的单一数字化指标，有些可能是一整套指标的集合，还有一些指标可能会在一个设定的范围内。当然，还有一些性能指标是要配合其他设备才能呈现出来的，这就表现为不同的设备通过设备间的协同成为另一个层级的设备。

此外，作为产业互联网或工业互联网的一个基础单元，我们更要保证在数字化转型条件下设备的有效运转。因此，设备的数字化不仅要考虑这个设备对外部因为发生关联而需要呈现的一系列指标，同时也需要呈现这个设备本身的运行状态指标，以对该设备可能存在的问题及早发现、及早处置，而不是等设备出现问题或故障以后才去处理。只有这样，才能在产业链或产业环节层面确保零故障和生产的无忧状态。

中间产品作为产业链上一个生产环节的输出和下一个生产环节的输入，同样需要对其作为输出品和输入品的生产指标数字化，以对接、匹配已经数字化的设备，实现完整的数字化生产。这些指标也是该中间产品是否合格、是否可以进入下一个生产环节的评判内容，是实现检测环节检测功能数字化的必要内容。

这里我们分析的设备和中间产品，更多的是在产业链和产业环节中以原子状态存在的。在实际生产中，很多设备和中间产品也可能会通过特定组合成为具有更多功能需求和更多性能指标的复杂的产品设备组合体，很多产品设备也可以进一步拆解为更多不同产品设备的组合。当然，更为常见的是不同的产品设备基于不同的组合方式产生了涌现现象，生成了功能和性能完全不同的新的产品和设备。

产品设备的数字化过程，既有自外向内的数字化的深化，也有自内而外的产品设备的数字化构建，两个过程相辅相成。无论是自外向内，还是自内而外，都只适合产品设备的线性功能组合和性能叠加，而不适用于已经产生了涌现现象的新构建的产品设备。如果出现了由不同的产品设备通过不同的组合方式带来的涌现现象，除非我们要深入理解涌现现象的产生原理和未来发展，否则就没有必要再对由涌现现象产生的新的产品设备的内部不同组成部分进行和实施数字化过程。

人/组织机构的数字化

在信息互联网、消费互联网和产业互联网中，人既是数字化应用的服务对象，也是数字化应用的重要环节。作为服务对象，人主要以个体方式呈现。作为生产的重要环节，人可以个体方式参与生产，但更多会以组织方式参与生产。在产业互联网相关要素的数字化过程中，人/组织机构的数字化是必须完成的环节，但由于人和组织机构的特殊性，其数字化过程也将呈现相应的特殊性。

● 人/组织机构数字化的必要性

即使是在完全数字化的环境之下，产业链上的大多数环节还是要有人的参与。人是宇宙间最主要的能动因素，不同的人自然会存在天然的禀赋上的差异，因此就必然存在个体如何匹配不同产业链以及匹配产业链上哪个产业环节的问题。不同的产业链以及这些产业链上的不同产业环节也会对人有不同的专业性要求，即在产业层面，作为个体的人是被定位在不同产业链的不同产业环节中的。

当前，产品、服务、设备等内容本身的复杂性以及对外呈现的功能和性能的多样性，注定了大多数产品、服务和设备的生产或供给不可能由一个人来独自完成。因此，在产业链中不同生产环节上的不同的人就被组织在一起，成为不同的组织机构。

人/组织机构在产业数字化转型的同时，也必然要面对自身的数字化问题。如果人/组织机构始终没有被数字化描述，那人/组织机构及其关联只会停留在传统的非数字化阶段，人/组织机构和产业/产业链没有办法通过数字化的方式建立关联，这样也就没有办法实现并完成产业的数字化。

● 人/组织机构数字化的内容及其特殊性

从产业的角度来看，人/组织机构与产业的关系主要有以下几种情况。

一是人/组织机构直接与自己所在的产业或产业链中的某一个或某几个环节发生关联。在这种情况下，人/组织机构与其直接发生关联的产业内容就可能会构成一个产业组织。

二是人/组织机构基于产业的特性,通过产业的纽带,与其他人/组织机构发生了关联。在这种情况下,不同的人/组织机构基于产业纽带组织在一起的就是一个更大的产业组织,也有可能就构成了一个产业生态。

三是同一个人/组织机构有可能同时存在于多个产业链、产业组织或产业生态中,那就需要根据不同产业链条、产业组织或产业生态的需要和人/组织机构在不同产业链条、产业组织和产业生态中的位置,分别从不同的角度和层次去完成人/组织机构的数字化。

同时,不同的产业内容的组织形式和规模也决定了组织机构的层次和规模:小到生产班组,直接和产业链中的某一个或某几个产业环节关联;中到公司,直接参与到某一个或某几个产业链中;大到产业组织,其结构和组织内容可能直接就构成了某个产业生态。

有些组织机构是具有物理属性的真实客观存在,如班组、公司,有其内部明确的组织管理规定。有些组织机构则是基于业务需要而被关联在一起的,如一个产业组织或产业生态。尽管产业组织或产业生态内部包含了不同类型的低一个层级或低几个层级的人/组织机构,这个组织或生态内部的人/组织机构的连接也有可能是一种或紧密或松散的关联,但基于产业内容而形成的产业组织或产业生态,则有可能是未来更为关键、更为主流的产业组织机构。

由于人自身属性的丰富性,不同时间段同一个人可能会被定位在多个组织机构中,并与多个产业链的不同产业环节发生关联。随着技术的发展,即使是在同一个时间段,同一个人也可能会被定位在多个组织机构中,并与多个产业链的不同产业环节发生关联。因此,人的数字化是一个比较烦琐的过程。如果将人与产业相关的属性和内容全部数字化,既不可能也没有必要。但是,为了进一步拓展人自身的发展空间,使人与更多的产业链以及产业环节发生可能的关联,而不仅仅是把人当成工具,还需要尽可能全面地将人的属性以数字化的方式表达出来,而不仅仅是基于当前被定位的产业链及产业环节的相关内容来完成人的数字化描述。

与组织机构在功能上的丰富性相比,作为个体的人要简单得多。但在数字化时代,组织机构的转型、升级及迭代也是有可能的,并且也是会广泛存在的。但是,组织机构的转型、升级和迭代过程相对来说比较漫长,绝非一朝一夕的事情。此外,目前产业链中的组织机构在完成其定位、功能等内容的数字化之后,需要进一步丰富和完善组织机构的数字化内容的维度。

● 人/组织机构数字化问题的进一步讨论

由人构成的组织机构也会存在复杂的涌现和演化现象。仅从产业功能来讲,由多人组成的组织机构,基于不同人之间的关联和相互作用,有可能会使组织机构对外展现的功能需求和性能输出呈现非常丰富的组织现象。例如，某些组织对外的功能需求会远远大于组成这个组织所有个体的功能需求之和，但也会存在某些组织对外的功能需求会远远小于构成这个组织所有个体的功能需求之和的情况。在对外能力和性能输出方面也同样存在这些可能性。但是，如果一个组织长期对外功能需求大于其对外的能力和性能输出，这个组织机构从经济学上来说就难以长久存在。其对外的功能需求小于这个组织机构对外的能力和性能输出，才是这个组织机构得以存在的内在原因。

此外，区块链及 Web 3.0 的发展，使一种本不新颖的组织形式——去中心化自治组织（Decentralized Autonomous Organization，DAO）开始大行其道。但就目前来看，DAO 内部的业务逻辑必须十分简洁，目标必须十分明确，业务流程必须十分清晰，否则当前的技术能力难以支撑 DAO 的建立和运营。DAO 的组织形式基本是封闭的，而不是开放的。因为一旦开放，技术也没有办法处理开放业务形态的组织建立和维护。DAO 中的业务角色最多也就两方，甚至只有一方。如果业务角色只有一方，那么 DAO 中成员的关系基本上就是动态互斥博弈，如比特币挖矿；如果业务角色有两方，那么 DAO 中成员的关系最多就是点到点，而难以形成更为复杂的层级制或横向的业务协调、协同。因此，适合于 DAO 的数字化属性到底是什么，有没有必要从外部对 DAO 进行数字化，都还需要进一步的研究。

人/组织机构的数字化过程肯定会面临一系列问题。但是，互联网带来了跨越地域进行大范围连接的可能。因此，先行完成数字化的人/组织机构，就会通过互联网等数字技术，率先在全球范围内获得更多的关联机会，进而在数字化转型过程中获得最大先机，率先获得其他已经被数字化的人/组织机构的连接和匹配选择。人/组织机构的数字化完成得越晚，获得连接和匹配关联的可能性就越小，因为更多的连接和匹配关联机会已经被其他人/组织机构占据了。同时，数字化程度越深的人/组织机构，获得连接和匹配关联的可能性就越大，连接关联的方式也就越多。

关联关系和业务流程的数字化

供给-需求或者不同设备/环节的输出作为下一个设备/环节输入的连接，是产业互联网中的主要关联方式。这一点也是产业互联网不同于信息互联网和消费互联网的地方所在。

● 关联关系要更加精准

信息互联网和消费互联网实现的大范围连接和智能匹配只是一种建议方

案，至于这种方案是否被接受和采纳，最终还是要由信息、商品和服务的需求端，也就是人来最后确认。因此，信息互联网和消费互联网的连接和匹配，可以基于质量并不高的大数据和可以任意发散的人工智能，给出任何可能的连接和匹配选择方案。但产业互联网，尤其是在涉及工业互联网的时候，很多要素之间的连接和匹配都是由代码基于数据来完成的，根本不可能要求每一个环节或设备间的要素内容连接和匹配都由人再来确认一遍。即使是在传统的机械化时代，很多生产要素之间的连接和匹配也不可能都由人来完成最后的确认。因此，产业互联网中的关联关系的数字化需要更多高质量的数据，而不仅仅是更多的数据，人工智能算法也不可能任其随意发散，这种人工智能算法的连接和匹配结果必须可预测、可监控、可调整。

另一方面，在产业互联网，尤其是工业互联网中，大部分生产要素之间的连接和匹配的对象是基本确定的，连接和匹配的内容也是基本确定的。在产业互联网中，对这种连接和匹配关系的数字化，一方面是为了提高数字化水平，提高连接和匹配效率，另一方面也需要尽可能脱离原来的地域和业务逻辑局限，在尽可能大的范围内选择更多的生产要素，并从中挑选出更加合适的连接和匹配对象。这也是产业互联网基于连接和匹配而生成的关联关系所面临的业务流程重构的重要内容，即重构不仅仅是对产品设备或公司组织的替代，这种重构发生的场域更多是在关联关系上，基于关联关系的调整改变才能发生。

● **业务流程受制于产业逻辑**

不同的关联关系构成了业务流程。信息互联网和消费互联网尽管也存在业务流程，但这种业务流程极其简单。信息互联网和消费互联网基本都是围绕着信息、商品和服务的供给-需求完成的关联，这种关联或者由单边平台完成，或者由双边平台完成。如果由单边平台完成的话，就是供给直接触达最终需求；如果由双边平台来完成，就是供给通过平台触达最终需求。无论是哪种方式的连接和匹配，信息互联网和消费互联网的业务流程都相对简单和直接，这种业务流程的数字化在内容上也极为有限。

因此，信息互联网和消费互联网可能不需要对更多的关联关系和业务流程进行数字化，但产业互联网必须对关联关系和业务流程数字化，这种关联关系和业务流程的数字化除了符合数字逻辑之外，还要符合产业逻辑以及现实生活中必须接受的其他法律、制度、伦理关系。

此外，业务流程的数字化内含业务管理关系的数字化。如果没有业务管理关系的数字化，业务流程就很难谈数字化了。

●关联关系连接的三类不同对象

关联关系既可以是产品设备和产品设备之间的关联,也可以是人/组织机构和产品设备之间的关联,还可以是人/组织机构和人/组织机构之间的关联。

(1)产品设备和产品设备之间的关联

产品设备和产品设备之间的关联比较容易理解。很多产品设备本就存在业务顺序上的关系,很多中间产品、材料、数据等要素从当前产品设备直接输出到下一个产品设备。这种关联在实现对产品设备的数字化之后,直接基于产品设备之间的业务关联规则,通过数字技术就可以实现了。

(2)人/组织机构与产品设备之间的关联

人/组织机构与产品设备之间的关联,主要表现为人对产品设备的操控。在传统的机械化时代以及手工业时代,也存在人对产品设备的操控,只是那种操控更多是基于人本身的力量和技巧;而在数字化时代,人对产品设备的操控,更多需要通过数字技术来实现。这种人与产品设备之间的操控界面,可以是已经硬件化的各种按钮,但更主要的是人对产品设备操作的编程,并通过数字技术实现产品设备的自行运转。

数字技术的发展进步和对产业渗透的加深,一方面使得人/组织机构与产品设备之间的关联方式大部分将被数字技术所替代,另一方面使得人会越来越基于数字技术实现对产品设备的关联。这意味着未来越来越多的对产品设备的操控会由代码来实现,也意味着人类基于数字技术能够操控的产品设备越来越多,同时还意味着产业链的进一步拉长。

(3)人/组织机构与人/组织机构之间的关联

人/组织机构与人/组织机构之间的关联可以说是世间最复杂的关系,很多关联关系已经超出了产业及产业互联网的范畴。当然,在产业互联网的范畴内也存在大量的人/组织机构与人/组织机构之间的关联。

在技术尚未发达的时候,很多业务关系表现为人/组织机构与人/组织机构之间的关联,并在此基础上发展出了庞大的线下业务,包括法律法规、制度规范、行业协会等内容。在数字技术发达的情况下,这一类的关联关系很多将被数字化。能够以数字化的方式规范的内容就直接被数字技术规范了,包括人/组织机构与人/组织机构之间货币的流通、人/组织机构与人/组织机构之间法律法规以及规章制度的代码化执行、基于法律法规规范之下的合同签署等业务关系的建立和维护等。

人/组织机构与人/组织机构之间的关联关系还存在于极其多样且复杂的业务横切面中。但是,即使在未来数字技术全面渗透进元宇宙的情况下,我们也不可能将所有的人/组织机构与人/组织机构之间的关联关系数字化,只能就可以被数字化的人/组织机构与人/组织机构之间的关联关系数字化。当然，这些关联关系被数字化的前提，还是要将人/组织机构与人/组织机构之间关联的内容数字化。如果这些能够被数字化的内容可以覆盖人/组织机构与人/组织机构之间某一个点，或某一个细分领域，才有可能基于这些被数字化的内容，实现这些关联关系的数字化。

其实，这种人/组织机构与人/组织机构之间的关联关系的数字化，在消费互联网领域已经广泛存在，因为消费互联网所连接的表面上是商品和服务，但背后连接的是人/组织机构与人/组织机构之间的关系。不过，消费互联网实现的仅仅是通过数字技术实现了人/组织机构与人/组织机构之间的简单交易流程的规范。在产业互联网的背景之下，通过数字技术，能够被重构的人/组织机构与人/组织机构之间的关联关系内容更多、范围更广，关系也更复杂。

例如，去中心化自治组织（DAO）所实现的数字化，本就是业务流程的数字化。目前，DAO只是在去中心化系统架构上构建了理想中的业务组织方式，但这种组织方式过于扁平，未来落地的DAO能否契合复杂立体的产业业务流程和产业间的组织关系，还需要进一步观察和研究。

（4）关联信号指令的数字化

任何关联关系，都需要通过能够被互相理解和认可的接口规范和接口内容来完成。

在产业互联网领域，产品设备与产品设备之间的接口规范和接口内容一般情况下较为明确，接口规范不同，或者接口规范虽然相同，但接口内容不同的产品设备是不可能被关联在一起的。人/组织机构与产品设备之间的接口规范和接口内容也比较明确，人/组织机构下达了产品设备不能理解的指令信号，产品设备是不可能按照人/组织机构的指令执行相应命令的。

但是，人/组织机构与人/组织机构之间的接口规格和接口内容经常会出现各种问题。在现实生活中，人/组织机构之间的矛盾、误解绝大多数来自接口规格的不规范和接口内容的不明确，很多本应该明确的接口内容被一方以为是关联双方的共同知识，但实际上这些内容仅仅对其中一方是已知的知识，而对另一方则是未知的知识。产品设备之间极少出现这方面的问题，是因为产品设备至少在目前阶段的智能程度还不够，如果接口不规范，接口内容不明确，系统就难以实现产品设备之间的关联。人/组织机构与产品设备之间的关联也很少出现这种情况，同样是因为当前的产品设备智能程度不够。

对信号指令的数字化，实际上就是要对各种接口内容进行编码和规范。很多产品设备之间本来也是通过指令运转的，但这种指令有些是数字化的，有些不是数字化的。如果原来这种信号指令就是数字化的，那么对其进行相应的移植或重新定义就可以了；如果原来的指令不是数字化的，则需要依据场景规范要求，完成指令信号的编码，以及在另一方的解码。有时，对这些指令的编码和解码以及完成指令相对应的操作动作，可能还需要其他设备的辅助和配合。

产业组织和产业生态的数字化

作为产业组织和产业生态中的最主要的组成部分，人/组织机构的数字化是为了在更大范围内基于网络及数字技术，与更多生产要素/产业组织/产业生态形成关联关系并最终达成业务匹配。互联网和相关的数字技术也会帮助产业组织和产业生态更加容易、方便地扩大其组织和生态规模，提高组织效率，优化产业生态结构。这就涉及不同产业组织和产业生态内部不同部门和要素的组织协调，以及不同产业组织和产业生态如何构造成为一个更大的产业组织和产业生态的问题。

数字技术已经成为一种通用技术，具有改变产业组织和产业生态中部门和要素构成的能力，也具有使不同的产业组织规模进一步扩大、产业生态进一步优化的能力。因此，我们有必要从更高的层面来审视产业组织和产业生态的数字化问题。

产业组织和产业生态在经济学中具有不同的含义。这里我们仅在一般意义上探讨产业组织或产业生态的整体数字化问题，而不对这两个定义和概念进行更多区分。

每个产业组织和产业生态之所以能够成为产业组织和产业生态，其内部一定存在着众多的生产要素，并且这些要素之间必然存在特定的组合结构。同时，这些产业组织和产业生态也一定是开放的，时刻会与外界其他产业组织和产业生态发生千丝万缕的联系。

在工业化时代，技术能力规定了每个产业组织和产业生态所能达到的组织和生态边界。互联网和相关的数字技术在使每个生产要素变得更加智能，且具有与外界进行相当程度的通信能力的同时，通过对产业组织和产业生态内部生产要素的重新关联和匹配，调整优化生产要素的关联结构，改变了产业组织和产业生态的内在属性。

互联网和相关数字技术的使用，也会在产业组织和产业生态层面，使产业组织和产业生态具有更多的变化可能。首先，互联网和相关数字技术的使用会使产业组织之间的关联更加智能，产业生态之间的连接更加灵活，同一层级甚至跨层级的产业组织、产业生态基于数字化的连接将有可能成为一个新的产业组织或产业生态。这种连接方式未来有可能成为新的产业组织、产业生态的常态。其次，原来的产业组织或产业生态在数字化条件下新的产业逻辑、效率比较、价值创造和分配方式等维度上，有可能分裂为几个不同的但仍然相互关联的产业组织和产业生态。最后，在互联网和相关数字技术的作用下，所有的产业组织和产业生态还面临边界被打破，进而所有生产要素进行重组的可能。

互联网和相关数字技术，既可能使原来产业组织和产业生态间的外部关系变为新的产业组织和产业生态的内部关系，也可能使原来存在于产业组织或产业生态内部的关联关系变为不同产业组织或产业生态间的新的关联关系，也就是关联关系的外部化。当然，这必然伴随原来产业组织或产业生态的根本性结构调整。

因此，产业组织和产业生态的数字化，一方面需要基于更低一层或低几层生产要素的数字化，以及这些生产要素之间的连接关系的数字化；另一方面也需要对产业组织或产业生态自身功能需求和性能指标的数字化，以及产业组织和产业生态对外连接关系的数字化。只有将产业组织和产业生态内部生产要素和要素之间的关系数字化，同时将产业组织和产业生态对外的功能需求和性能指标以及对外关系进行数字化，才有可能在产业组织和产业生态层面发生产业组织和产业生态的分解、重组和重构。

4.3　产业互联网进化路径和转型逻辑

产业互联网在实现多种生产要素数字化的基础上，一方面实现了数字化生产对机械化生产的替代，改进了生产工艺，降低了生产故障的发生率，提高了生产效率，在更大程度上实现了生产对个性化需求的满足；另一方面通过对更多数字化要素在更大范围内跨地域、跨组织和跨层级的连接和匹配，生成了新的生产要素单元，并在此基础上实现了对原有业务流程的重构和对不同生产要素间关系的重构。

无论是替代，还是重构，都是对原有生产工艺、业务流程和生产关系的优化，其间也必然会发生大量的组织机构、产业组织和产业生态的解构与重构。

产业数字化转型的主体

在信息互联网和消费互联网环境中，平台完成了对信息、商品和服务或服务能力的数字化描述，实现了人对信息、商品和服务需求的数字化描述，同时完成了人的需求与信息、商品和服务或服务能力的连接和匹配。其实质是基于数字化手段在更大范围内完成了信息、商品和服务等内容到人的触达，再通过互联网及其他技术手段，规范了交易流程，提高了交易效率，降低了交易成本。

产业层面的数字化和数字化转型刚刚开始。前面分析了产业中相关要素的数字化，也就是数字化的客体，也个别地涉及了数字化转型的客体，但数字化和数字化转型的主体是谁，应该是谁，谁有能力来完成产业的数字化以及相应产业的数字化转型，目前尚不清晰。

能够提供数字技术的组织机构应该最有可能成为产业数字化工作的主体，因为这类机构掌握着对生产要素进行数字化的能力，但这类机构对产业链和产业逻辑了解有限。各级各类产业组织则更有可能成为推动产业数字化转型的主体，因为各级各类产业组织了解对应产业存在的问题和产业内在逻辑，对产业转型也有着清晰的认知，但这类机构对数字技术内在原理实现方式、转型逻辑和技术局限等内容的了解相对不足。

数字化机构本来是最有可能成为产业数字化的赋能机构的，同时其自身也是一类产业组织，但目前数字化机构自身的数字化和数字化转型尚极为有限。由此可见，产业数字化和数字化转型还处于早期阶段。

产业互联网要素连接和匹配的特殊性

与信息互联网和消费互联网相比，产业互联网关联的要素更多、要素的构成更为复杂，不同要素之间连接和匹配的内容也更加丰富。其中，有些要素之间的连接可能比较简单，如某个产业链中特定的上下游设备之间基于数字逻辑建立的连接，连接和匹配规则就相当清晰，连接方式也比较直接。但是，有些要素之间的连接内容就比较丰富，连接规则也比较复杂，如组织机构与组织机构之间的连接。这种连接不仅涉及的内容多，而且关系还会随着外部关系及时间的变化呈现动态变化，而非一成不变。

产业互联网在数字化要素的连接和匹配方面，至少在要素连接和匹配的范围、匹配的原则以及匹配规则表达清晰度等方面，都与信息互联网和消费互联网完全不同。

首先看数字化要素连接和匹配范围。在信息互联网中，人对信息的需求和信息的数字化供给都不受地域限制，也很少会受到其他因素影响，因此，在理论上这两者之间的连接和匹配可以在任意范围内进行。在消费互联网中，人对一些特定服务的需求是有地域和时间限定的，如酒店住宿，有一些服务的供给也是有地域和时间限定的，如高铁或航班，而在商品的供给和需求匹配方面则会受限于当时的生产能力和运输能力。但是，在产业互联网中，无论是在设备或中间产品层次，还是在人和组织机构的层次，或是在更大的产业组织和产业生态层次，即使是同一个层次要素的连接，都需要受到多种内部和外部的因素影响，而不可能实现任意范围内全时段的连接和匹配，更不用说这里面的跨层次要素的连接和匹配了。

其次看匹配原则和匹配规划表达清晰度。信息互联网实现了跨地域的连接。消费互联网是基于具体的商品和服务，依据交易环节另一端的需求而实现的对商品和服务的匹配。商品和服务信息可以在全球范围内触达任何一个人，但具体的商品触达终端需要考虑一系列外加因素，如地域、国界、关税等问题。服务的触达比具体商品的触达要考虑更多的外界因素，如酒店住宿服务能力就无法匹配另一个城市的人，因为其不具有可移动属性。

无论是信息互联网，还是消费互联网，通常都是依据另一方的需求而实现的匹配，匹配的另一方也基本是具有主动性的人。

产业互联网作用于产业的不同层次，其实现的匹配更多的是依据功能和价值创造能力进行的匹配。这种匹配原则性更强，供给-需求的数字化描述会更加清晰，更多匹配的原则和条件也是明确的，同时连接和匹配会受到更多产业因素限制，如地域。与产业互联网不同，信息互联网、消费互联网需要依据大数据和人工智能画像对需求方的需求进行数字化描述和表达，而这种需求的描述和表达虽然实现了数字化，但在很大程度上仍然是模糊的，不甚清晰的。

产业互联网数字化转型逻辑

与信息互联网和消费互联网相比，产业互联网在数字化转型方面有很多信息互联网和消费互联网所没有的内容。例如，基于网络和数字技术，产业互联网会生成新的生产要素单元，在此基础之上，会发生水平方向和垂直方向的业务流程重构和生产要素的重组。

● 新的生产制造工艺的出现

工业互联网通过工业大数据和工业人工智能，实现对设备状态的监测、对产品生产的自动检测，以及更多定制化或可编程生产。同时，工业互联网基于数字技术，实现对生产环节的自动化管理和协调，减少人为干预，提高生产效率和组织协调效率。

在生产制造的上游，产业互联网基于大数据和人工智能完成的个性化画像，实现了对个性化需求的前瞻性研判，以及对个性化需求的表达。这种个性化需求，不仅仅是终端产品或服务的个性化需求，也包括在生产资料的生产过程和生产环节中，对个性化终端产品或服务的可定制、可编程或个性化的生产设备的定制化建模。

生产制造的下游进入消费互联网领域。在全球范围内,产业互联网匹配消费需求,并基于消费数据获得更多生产信息以改进生产。

● 新的生产要素单元的生成

信息互联网和消费互联网基本上没有产生出新的生产要素和新的生产单元,但在产业互联网领域,大量新的生产要素和新的生产单元一直在持续不断地产生,这也是产业互联网能够带来业务流程重构和生产要素重组的前提。

(1)设备层面

数字技术将不同的生产设备数字化,再通过网络基于设备本身的输入输出特性,可以将原来各自独立的设备构造为一个新的设备。在机械化时代,我们一般认为一个设备是通过一系列固定的零部件紧密连接而形成的,这些零部件在地理位置上共享同一个空间,对外共同输出一系列功能和性能指标。这个设备也可以分解为不同的机械零部件。但是,互联网和数字技术可能将原来相互独立且各自具有一系列功能指标的设备组合在一起,形成另一个功能更加丰富、指标更加多元的新设备。同时,数字技术也有可能进入设备内部,将构成设备的零部件数字化,将原来设备内部通过机械化的紧密连接替换为基于数字化的连接和匹配,从而将原来一个完整的设备分解为不同的业务单元,在更加微观的层面分离出新的生产要素单元。这就使原来构成设备的一些零部件有可能成为新的生产要素单元,并为在更加微观的生产要素单元基础上构造出新的生产要素创造了前提和基础。

(2)组织机构层面

一开始,不同的人基于大规模生产所要求的专业化分工被组织在一起,形成了各种各样的组织机构。在组织机构内部,人与人之间依靠管理、组织、协调、沟通等方式实现了连接,对外呈现一个统一的组织机构。互联网和数字技术将在两个方向重构组织机构:一个方向是将现有的组织机构还原为更加微观的组织机构,甚至还原为个体,这一点已经在现实生活中广泛存在,即所谓的零工经济;另一个方向是在现有的组织机构的基础上,将不同功能的组织机构构造为一个功能更加完整、业务能力更加多元、组织管理方式更加丰富的新的更大的组织机构,如企业集团。

新制度经济学的创始人罗纳德·科斯(Ronald Coase)在其代表作《企业的性质》中指出,企业内部的组织管理是基于成本概念对市场交易成本的替代。后来,新制度经济学代表人物之一的张五常在其《公司的合约性质》中指出,公司不是组织管理成本对市场交易成本的替代,而是不同合约的替代。当然,后来也有其他经济学家更明确地指出,产品的生产制造和产品的市场交易本就是两种不同类型的经济活动。

互联网和数字技术的出现及其对产业的赋能，无论是在设备层面，还是在组织层面，都打破了原来对设备和组织的定义，即什么是设备，设备与设备之间的关联关系和设备内部不同零部件之间的连接关系有什么区别，以及什么是生产组织，生产组织内部的管理、组织、协调、沟通与生产组织之间基于业务的联系有什么区别和联系。这些定义和问题都需要进行理论上的重新界定和明确。设备和生产组织面临被分解为更加微观的设备和生产组织的可能，这是将设备和生产组织原来的内部关系外部化为外部连接的过程。同时，设备和生产组织还存在被融合为一个更加庞大的设备和生产组织的可能，这是将原来的外部关系内部化为设备和组织机构的内部连接的过程。这一方面将打破原来的设备和生产组织的边界，另一方面也将改变设备和生产组织的内在属性。

● 新的生产关系和业务流程的重构

随着互联网和数字技术对产业的赋能，新的设备和生产组织等产业要素单元将大量涌现，由此将带来新的生产关系和业务流程的重构。

一是垂直方向上的生产关系的重构。互联网和数字技术将打破原有设备和生产组织的边界，将内部的生产关系外部化或将外部的生产关系内部化，这实际上已经是微观层面的生产关系的重构了。重构既包括生产关系的重新构造，也包括原有生产关系的解构。解构是重构的前提和基础。在垂直方向的原有生产关系重构，不仅仅是当前层次的上一层和下一层，更有可能发生的且力度更大的是跨越多个层级的重构，即对同级，更低一层或低几个层级，或者更高一层或高几个层级的生产要素的重构。

二是在水平方向上的业务流程的重构。互联网和数字技术将打破企业和各类产业组织的边界，在更大范围内实现生产要素的重组、生产关系和业务流程的重构。互联网和相关的数字技术作用于产业链，在产业链的内部通过在更大范围内实现生产要素的智能化连接和匹配，在产业链内部和产业链间实现产品和服务供给需求关系以及不同的产业组织间的智能化连接和匹配，进而实现价值链、生产要素和生产组织的重构。这种重构必然同时伴随原有的产业链内外部关系被打破，产业链边界被重新划定。

由此，产业链内会出现更多产品或设备级的替代现象。例如，手机对MP3播放器、复读机、计算器等一系列产品的替代，就是以一种功能更加完善的产品替代原来功能不完善、不丰富的一个产品或一系列产品的产业升级和重构现象。产业链内的替代会以产品和企业为单位，构成产品业务流程的重构、企业上下游关系的重构，其间必然会导致一批企业被淘汰，而另一批具有先进技术生产能力的企业会崛起。

产业链间将出现跨界竞争现象。更多组织机构会被替代,即通过数字化赋能和数字化连接,效率更高或能力更强的组织机构代替了另外一个或另外几个效率不高、能力不强的组织机构。例如,云服务对传统 IDC 机房的替代,本质上是先进技术对落后组织机构的替代,是一种新的建立在数字化基础上的专业化替代了原来基于人工能力的专业化。产业链间的替代则可能以产业链为单位进行,某一个或某几个传统的产业链被另一个新的产业链所替代,如电动汽车产业链对传统汽车产业链的替代。

产业链内和产业链间的替代,是在更大范围内基于数字化内容的匹配,对原供应链和供求关系某一个环节的旁路。替代是重构的底层逻辑,是实现重构的必要步骤。互联网和相关的数字技术作用于全产业,将带来巨大的想象和认知空间的拓展。

产业互联网是破坏性创新

产业互联网在产品功能、产业组织等不同层面都会发生重构。这种重构可以在同一层级展开,即高效率对低效率、多功能对单一功能、高性价比对低性价比等,也可能进行跨越层次的重构,也就是降维打击。例如,从产品角度来看全球定位系统(GPS)对地图的替代,从产业组织的角度来看顺丰速运对传统邮局、公路货运、铁路货运甚至飞机货运的替代。

信息互联网和消费互联网带来的更多是增量,让被需要的信息、对路的商品和服务找到需要的人。产业互联网带来的更多是破坏性创造,是重构,是"创新理论"鼻祖约瑟夫·熊彼特(Joseph Schumpeter)定义的创新。

熊彼特认为,所谓创新就是要"建立一种新的生产函数",即"生产要素的重新组合",就是要把一种从来没有的关于生产要素和生产条件的"新组合"引进生产体系中去,以实现对生产要素或生产条件的"新组合"。

互联网和相关的数字技术先是作为一种外部力量或外生因素作用于产业,继而成为产业发展的一个重要的内生因素和内部变量。这种内生因素和内部变量通过对原有各种生产要素数字化之后进行的重新组合,生成了新的生产单元、产业组织。这种变化由线性变化到涌现变化,在毁灭、淘汰一部分原有的生产要素、产业组织、产品和服务的同时,又催生出了一大批新的生产要素、产业组织、产品和服务,从而带来了新的价值和新的价值创造方式,其间也必然带来新的价值分配方式。随着互联网和相关的数字技术对产业渗透程度的加剧,更为深刻的产业互联网数字化转型正在到来。

第五章
元宇宙数字化进化逻辑

元宇宙在完成更多内容数字化的基础上,才能实现数字世界和现实物理世界中不同要素的关联、匹配、解耦和耦合,从而带来新关系的建立和新物种的诞生,进而在多个层面和维度上实现业务流程、生产关系、人际关系等多种关系的重构。

信息互联网、消费互联网和产业互联网作为数字世界的最初存在和表现形态，在元宇宙中不仅会继续存在，而且其自身的存在和表现形态还将进一步发展、丰富和完善，并使人类能够以此为基础，拓展到整个元宇宙。

信息互联网、消费互联网主要是基于数字孪生过程完成了现实物理世界向数字世界的映射，并在数字世界中基于数字逻辑完成了不同要素之间的连接和匹配。产业互联网则既需要数字孪生过程，将现实物理世界中的内容转换为数字世界中的内容，也需要有虚实相生过程，即将数字世界中的内容与现实物理世界中的内容连接起来，基于数字世界的关联逻辑，并在现实物理世界中相关规则的约束下，完成相关要素的连接和匹配。

元宇宙不仅要将现实物理世界中的万事万物映射到数字世界中，还将基于完全的数字内容演化和衍生出更多的数字内容，这个过程也就是数字原生过程。同时，元宇宙必然还需要实现数字世界与现实物理世界的关联，进而实现数字世界和现实物理世界中不同要素的关联、匹配、解耦和耦合，从而带来新关系的建立和新物种的诞生，以获得在多个层面和维度上实现业务流程、生产关系、人际关系等多种关系的优化。

5.1 元宇宙对人类生活的拓展

元宇宙既然是宇宙，必然包罗万象。因此，元宇宙既包括了信息互联网和消费互联网，也包括了产业互联网。在此基础之上，元宇宙还将渗透到人类生活的方方面面。

目前，元宇宙还处于被反复定义的过程中。这一方面说明了人们对元宇宙的认知并不一致；另一方面也说明了元宇宙所包含的内容之繁杂，发展之迅速。

维基百科这样描述"元宇宙"：元宇宙是通过虚拟增强的物理现实，是呈现收敛性和物理持久性特征的、基于未来互联网的具有连接感知和共享特征的 3D 虚拟空间。

号称元宇宙第一股的 Roblox，则给出了元宇宙包含的八大要素，分别是身份、朋友、沉浸感、低延迟、多元化、随时随地、经济系统和文明。

西湖大学成生辉博士在其《元宇宙：概念、技术及生态》中指出，元宇宙具有无边界性、永续性、高拟真度、去中心化、经济系统和社交体验等 6 个方面的特点。其中，无边界性（boundless）是指作为一个 3D 虚拟空间，元宇宙消除了物理形态的障碍。永续性（persistent）是指元宇宙不存在"关机"或"重启"等操作，用户可以随时在世界的任何地方利用装置自由地与元宇宙连接，即用户的体验感是连续的，而且元宇宙是以开源开放的方式无期限地持续发展下去的。

此外，还有文献称，元宇宙必须具备共识规则（规则/制度/法规）、可交互性（包括仅虚拟世界的交互）、价值生成（物理世界价值、元宇宙价值）、优质内容、沉浸式体验、经济系统（包括去中心化和中心化）等六大要素。

我参与编撰的《元宇宙十大技术》一书认为，在技术层面，元宇宙的构建包括了算力、网络、存储、安全、人工智能等五大地基，以及交互和展示、数字孪生和数字原生、身份系统和经济系统（区块链）、内容创作、治理规则等五大支柱性技术。

如果从单纯的技术层面跳脱出来，基于现实世界和目前技术应用的发展，元宇宙至少在以下几个方面将给人类生活带来全新的内容。

人类日常生活空间的拓展

技术的发展和技术应用的广泛普及，无论是在时间维度上还是在空间维度上，都已经极大地拓展了人类日常生活空间。通过数字技术的广泛应用，我们可以看到几十年以前的演出现场，几乎可以瞬间知晓世界上不同地区正在发生的重大事件，而这是连神话中的顺风耳和千里眼也难以做到的。

同时，技术的发展和技术应用的广泛普及，也正在深刻改变着人类的生活方式。例如，当前大部分人的阅读方式、购物方式、出行方式、交往方式等，无一不在快速而深刻地被改变着。

元宇宙必将带来更加广泛的人类日常生活空间上的拓展，人类越来越多的日常生活将在数字世界中完成。同时，人类在现实物理世界以及数字世界中的生活方式势必会发生更加直接和深刻的变化。

●日常生活空间拓展的途径

人类通过元宇宙获得的对日常生活空间的拓展，以及相应的生活方式的改变，既需要目前大火的 AR、VR、XR、虚拟数字人以及脑机接口等交互技术的进一步发展和完善，也需要有更加深层次的技术衍生、演化，以及多种技术在功能上的涌现。

但是，AR、VR、XR 以及虚拟数字人等内容并不是元宇宙，甚至这些内容也未见得一定是未来人类进入元宇宙的唯一途径或主要途径。技术的发展历程已经反复证明了这一点。目前，人类基于现代技术所实现的遥感、遥测以及当前飞机的飞行实现方式，与远古时代人类基于直觉构想的"千里眼""顺风耳"以及近代人类对飞机的构想，都有了较大的距离。

AR、VR、XR 以及虚拟数字人等内容只是目前我们从直观上能看到的和想到的人类进入虚拟世界或元宇宙的方式。这些内容目前尚不成熟，还有待技术的进一步发展。同时，在这些技术发展、进步的同时，可能会有其他技术在我们没有预料到的地方破土而出，进而成为人类进入元宇宙或数字世界的主导方式。

正如在第二章中提到的，人类嗅觉、味觉以及基于脑机接口的意识的数字化表示和数字化接收转化技术在未来如果有可能出现，一定会得到更加广泛的应用。这将进一步拓展人类的日常生活空间。日常生活空间的拓展和生活内容的丰富，同样会深刻变革人类的生活方式。

● **生活方式改变的基础**

元宇宙构建的完整的数字世界，将覆盖人类生活的方方面面，深入人类生活的点点滴滴，并将深刻改变人类的生活方式。未来，人类更多的时间、精力以及更多的日常生活都将通过元宇宙的数字世界实现和完成。

我们目前通过信息互联网和消费互联网，已经部分改变了人与人之间的交互方式，尽管这种交互方式的改变还发生在比较表层的层面上，停留在信息、商品和服务的触达和连接环节。元宇宙可以实现几乎所有内容的数字化表示和数字化内容的传输，人类将在 AI 等相关技术的协助下，完成对这些数字化内容的智能化处理以及再次传播。

元宇宙带来的这些改变将进一步变革人与人、人与物之间的关系。在此过程中，人类的信息获取方式、信息处理方式、基于信息的决策方式和交往方式也将发生深刻改变。

在元宇宙中，人类获取信息的方式将更加多元。除了目前我们已经全部或部分实现的基于视觉、听觉、触觉的信息的数字化之外，一定还会有以嗅觉、味觉、意识等作为承载方式的信息的数字化表示和传输，未来也许还会有其他新的信息承载方式被开发出来。这些新的信息表示方式也会与其他信息承载体，通过信息表示方式的组合、融合甚至涌现，实现更为多元、复杂和精准的信息的数字化表示和传输。这必然要求人类能够更加敏锐地去感知这些信息表达的精准、多元和复杂。在这个过程中，新的信息内容空间甚至还有可能被拓展出来。信息表达的载体、渠道和方式的拓展将成为元宇宙中人类生活方式改变的起点。

由于有了更加多元、更为丰富的信息表示方式，人类也就具备了对信息更为精准的表述，而这又将进一步丰富人类在交往过程中的意思表达方式，推动人类信息表达的精准。同时，更为智能化的信息处理算法以及相应的人工智能技术，在帮助人类快速完成对这些信息的处理过程中，也必然会得到快速发展和进化。

● 日常数字化生活的拓展方式

实际上，更多内容的数字化，以及更多数字内容与非数字内容在不同层次、不同维度上基于自演化逻辑的相互作用，一方面将进一步填充、丰富和完善元宇宙中人类日常生活场景和内容，另一方面这些场景和内容与人类活动更趋紧密连接，也将进一步拓展人类的数字化生活空间。

技术的发展和技术应用的普及所带来的日常生活方式的改变，在微观上是潜移默化的，但在略微宏观一点的时间尺度上，就可以看到这种变化的迅猛。例如，21世纪初，手机刚刚开始使用，互联网也刚刚开始普及，但短短20年时间，互联网就已经发展了好几个阶段，其应用已经渗透到了目前我们几乎所能想到的每一个领域。移动互联网更成为人类各种感官的延伸，离开手机我们还能不能正常地维持和开展日常生活，恐怕都要打一个大大的问号。

目前，数字技术及相关技术在内容体系上已经相当丰富和完善了，尽管每一个细分领域的技术仍然处于快速发展、丰富和分化过程中。因此，元宇宙中人类日常数字化生活的拓展也很有可能不再是以往那种单点突破、以点带面，而极有可能是多点同时突破，并在已经取得突破的多个维度上以点带面，再以面带体，实现数字化应用和人类数字化生活的大爆炸。

当然，这个过程既存在技术发展和技术应用之间的协调，也有人对技术和技术应用的适应问题。在有的发展阶段，技术的发展会先于技术应用场景的出现，就类似目前的5G，以及即将到来的6G、7G，虽然技术已经成熟了，但最迫切的应用场景在哪里还有待进一步探索。也有业务需求牵引技术的发展和技术应用普及的时期，如人类对嗅觉、味觉、意识等作为承载体的信息的数字化采集、表示和传输的需求，就明显领先于技术的发展和实现。在不同的发展时期和不同领域，技术发展和技术应用会呈现不均衡的发展状态。

同时，技术的应用方式以及技术应用的普及，与人对技术的使用方式、使用习惯的协调，也需要一个过程。这一定是对技术敏感且勇于试探的一批人首先尝试了新技术的应用。在这个过程中，这一部分先进的试探者将带动其他人投入到新技术的应用大潮中，同时技术的应用方式也会根据先行者的使用体验进行必要的优化，使之能更好地匹配人的使用习惯。

目前，我们还处于元宇宙的构建早期。原来人类的日常生活绝大部分是在现实物理世界中展开，而未来人类的日常生活将越来越多地在数字世界展开。这种趋势已经越来越明显了，如人类通过消费互联网已经实现了部分的线上数字生活，尽管这种生活还局限在人类交易环节，聚集在衣、食、住、行等领域。

未来，人类日常生活将越来越多地以线上的数字方式展开，而且这种日常生活方式的变化还将进一步与其他领域的内容相融合,突破原有日常生活的边界,产生新的日常生活模式。目前,在区块链世界出现的 X2E（X to Earn）模式,就将人类各种日常活动 X 融入了经济激励,做到了参与 X 即产生收益 Earn 的效果。例如,最近知名的炒鞋项目 StepN,就在游戏中内嵌了经济激励,只要购买了游戏指定的鞋子并且完成了对应的跑步指标,就可以获得游戏发行方发行的虚拟货币。很多领域的专家都在讨论以这种模式构建新的线上生活的可能性,例如,是否能构建一种"study to earn",即边学边赚钱的模式。如果可行的话,这种模式将极大地改变目前的学校教育。

实际上,这已经逐渐模糊了日常生活与价值创造的边界。至于这种模式好与不好,我们这里暂且不做探讨。可以肯定的是,这些发展充分说明了线上数字化的日常生活不仅已经开始,而且正在呼啸到来。

人类经济生活的拓展

在元宇宙中,人类经济生活的内容、生产和核算方式都将以更加数字化和智能化的方式展开,经济生活的范围也将得到进一步的扩张,而不仅仅局限在我们目前的产业层面。

● 经济生活内容

产业互联网已经实现了人类生产和财富创造方式的极大改变,但这种改变更多停留在相对传统的产业层面,主要还是通过技术的使用改造传统产业的生产、财富和价值创造方式。在元宇宙中,随着技术的发展和技术应用的普及,原来更多依靠个人或家庭等小团体自给自足的生产生活内容将进入经济体系,在元宇宙完全的数字化表示、超大范围的连接和多种数字化要素匹配作用下,越来越多的人类社会长尾需求将汇聚成为一个又一个新兴的细分经济领域。这是在技术作用下传统经济生活的深化。

同时,越来越多传统世界所没有的新兴经济内容也将在元宇宙中出现。例如,随着数字技术的发展,网络游戏已经成为一个庞大的产业。人类在技术发展和应用普及的时代背景下,自然也会产生更多的历史上从来没有过的精神需求,而这种精神需求在传统世界中不可能出现,即使出现了也不可能得到满足。随着元宇宙对人类生产生活覆盖面的进一步扩大和对生产生活渗透程度的逐步加深,通过数字技术实现对这些新的需求的满足将成为元宇宙中一个全新的经济内容。

在元宇宙中,产业的概念和边界将被进一步放大,产业将与目前我们所认为的产业以外的其他内容交叉融合在一起。新兴的经济内容与已经存在的经济内容，在技术的作用下将发生各种关联、演化和衍生。相应地，技术在元宇宙中对经济生活的触达将越来越深入，经济生活内容的扩张也将更为彻底，而人类生产和财富创造所涉及的领域将远远超越目前我们所理解的产业的范畴，被推向更加广阔的人类元宇宙空间。

● 经济生活的生产和核算方式

一方面，传统的生产、财富和价值的创造方式将越来越自动化、数字化和智能化，这是目前正在我们身边发生的事情。另一方面，更多的新型财富和价值的生产和创造活动将大量涌现，而这些内容基本是完全数字化的，在生产和创造方式上也将是完全数字化的。这也是元宇宙在经济生活层面带给我们的更具革命性的地方。

随着经济生活内容的不断拓展和技术更加广泛的使用，更多原来没有被计入经济核算体系的生产、价值创造和劳动将被计入新的经济价值创造体系。这也意味着经济活动对人类生活的触达越来越深入，经济生活覆盖范围越来越广泛。随着区块链代币经济的兴起，传统以月为单位、以周为单位甚至以天为单位的经济结算方式将有可能逐步让位于实时结算，而这必将变革经济价值创造的计量方式，使每个经济价值创造活动更加独立和可测量，这也意味着专业化的市场分工将越来越深化。这将进一步变革目前的生产要素的组合方式，以及生产和财富价值的创造方式。

元宇宙中人类经济生活的拓展，我们将在第六章中专门论述。

人类治理及组织方式的变革

人是社会性的动物，有人的地方就会有人类自身的治理和组织问题。

元宇宙通过技术工具的使用，带来了信息不对称程度的极大降低和个体对信息处理能力的极大提升，同时也带来了人与人之间沟通交流范围的极大拓展、效率的极大提高和沟通交流方式的巨大改变。

在前工业化社会，人类还没能发明出电子或数字化的信息交流工具，更不要说今天遍布全球的互联网了。这无疑极大地限制了人类沟通交流的空间范围，当然也阻碍了人类沟通交流效率的提升。在工业化社会，专业化和效率要求促进了社会分工，但专业化和社会分工又进一步加大了信息的不对称程度。由此，人类无论是生产生活，还是能够获取的信息，都被局限在一个很小的地理空间范围内。

自从有人类文明以来，人类就一直在通过发明不同的工具拓展自身的沟通交流范围，从语言文字到电报电话，再到PC互联网和移动互联网。现在，人类在全球范围内已经基本做到了信息沟通交流的畅通无阻，甚至在地球上的人类也可以与太空中的人类进行即时的沟通交流。这是在空间上人类沟通交流范围的极大拓展，同时，这种沟通交流带来了效率上的大幅提升。

在这个过程中，虽然几乎所有人都会共享相同的信息获取工具，一方面人与人之间的信息不对称程度被极大缩小，每个人都可以通过各种媒体获取到当前的各种信息，但同时受人类自身信息处理能力的限制，人与人之间的信息不对称程度又在迅速加大。

在元宇宙时代，人与人之间的沟通交流已经不仅仅局限在单纯的信息传达，而是附加了更加多元且更加坚实的沟通交流载体，携带了更为丰富的信息以外的内容。在单纯的语言或文字的信息之外，或者在单纯的以语言或文字作为载体的信息之外，更多的承诺、更多要素的连接和耦合、更多经济激励以及情感、更加多元的感官体验也会一并作为沟通交流内容被传达出去。在此基础上构建的维度更为丰富、关系更为牢固、沟通交流更为顺畅的人与人之间的关系，又是人类实现自身高效和良性治理，构建新型组织关系的前提。

元宇宙对现有人类社会影响或冲击最为剧烈的，极有可能就是人类自身的治理和组织方式。自人类文明出现到信息革命爆发以前的几千年里，人类自身的治理组织模式基本上没有发生过太大变化，而元宇宙将极有可能从根本上改变人类目前的治理和组织方式。

例如，当前区块链世界正在发生的，以对共识机制的认可和建立在代码公开、透明、不可篡改基础上实现的各种去中心化自治组织（DAO），就将以通证作为载体的数字激励融入了人类数字生活的每一个环节。这就为未来元宇宙中的治理和组织提供了更多可能性。将激励渗透进数字生活的每一个环节，这是在原有技术条件下无法实现的，在人类以往的治理方式和组织方式中也没有发生过。随着人类数字化生活的展开，更多已有规则的数字化和以新的数字化规则为基础的新的治理模式和组织模式将出现。

DAO 在组织治理或政治哲学方面本不是新鲜的事物，而且在从古至今的人类日常生产生活中也广泛存在，但分布式自治组织这种人类自身的治理和组织方式好像从来没有成为人类自身治理和组织管理的主流方式，也从来没有得到应有的重视。但是，技术的发展和广泛应用进一步完善和丰富了原有的基于朴素的民间共识和熟人社会基于信誉保障基础上的自治机制，在地域上极大拓展了分布式自治的范围，同时将自治从传统的熟人社会扩展到了陌生人社会，将基于信誉的保障扩展到了基于区块链的分布式代码一致性基础上的去信任保障。这些变化使 DAO 越来越有可能成为完全的数字化生活条件下人类组织治理的主要方式。

人类社会自有文字记载以来,其治理和组织方式基本上都是以中心化机构或中心化组织为主的。尤其在工业革命以后,这种中心化机构和中心化组织的治理和组织方式几乎达到了其所能达到的极致。

如果说在传统的农业社会,人类的治理方式和组织方式还是多中心的,那么到了工业化社会,治理和组织模式的中心化程度就被大大加强了。因为大规模工业化生产为提升效率必然要实施专业化分工,但专业化分工间存在的高度信息不对称又必然要求有专人来完成对应的治理和组织工作。技术的发展也为这种中心化组织和治理提供了条件。

在元宇宙中,数字技术的广泛应用使不同业务主体间信息不对称的程度极大降低,同时各个业务主体采集信息、处理信息的能力也将极大提升。因此,不同业务主体基于自身能力进行业务自治的能力也得到了极大提升。这就为DAO的实施奠定了技术基础,创造了前提条件。

在元宇宙中,中心化的治理和组织方式势必向更加去中心化的自治组织方式过渡。当然,元宇宙中也不可能都是完全的去中心化自治组织。元宇宙中的治理和组织方式一定是中心化的治理和去中心化的治理两者的结合。因为技术的发展和应用只是改变了传统中心化治理方式得以建立的一部分因素,并没有改变传统中心化治理方式得以存在的全部因素。

传统的组织治理模式在元宇宙中将面临重大调整,其中一部分原来占据主流或主导地位的组织治理模式可能不再是主流或主导,另一部分原来几乎从来没有被在意的组织治理方式有可能成为未来组织治理模式的主流或主导。此外,在完全数字化的环境下,一些新的组织治理方式也极有可能产生。这种新的组织治理方式有可能是完全新生长出来的,但更有可能是目前已有的组织治理方式的综合和演化。

元宇宙中人类治理和组织方式的变革,我们将在第七章中专门论述。

5.2 元宇宙中数字化的丰富和深化

元宇宙既有数字孪生过程,也有数字原生内容,还有大量的虚实相生环节。因此,元宇宙要完成的不仅仅是从现实物理世界向数字世界映射的数字孪生过程,已经数字化的内容也必然要发生大量的数字原生过程。此外,元宇宙中的数字世界必然大量地与现实物理世界发生关联,这也就是虚实相生的内容。数字孪生既包括把现实物理世界中物理性存在的内容映射为数字内容,也包括将现实物理世界中非物质性存在的内容,如法律、制度、规范、风俗、习惯等内容映射为数字内容。同时,数字孪生内容还会继续演化和衍生出大量的数字原生内容,也就是纯粹的数字世界自己生成的数字内容,而这些内容在物理世界中并不存在它所对应的对象。此外，这些数字内容与现实物理世界还将发生各种关联，生成更多的数字世界的新内容和现实物理世界中的新内容，也就是虚实相生过程。

信息互联网、消费互联网主要是借助数字孪生技术实现的。产业互联网既有数字孪生，也有虚实相生，在个别产业，如游戏、虚拟人等，还有一定的数字原生。但是，在元宇宙系统中，数字孪生、数字原生和虚实相生被完全融为一体，共同在元宇宙的定义和规范下实现一个高度"数""物"交融的世界。

元宇宙中的数字内容会更加丰富，层次结构会更加复杂，内容载体也会更加多元。这些内容既有以原子形态存在的数字内容，也有更多不同原子组合起来生成的数字内容，更有不同的原子化数字内容通过类似化学变化而涌现出的具有更新特质的数字内容。元宇宙就是要将这些以原子形态存在的以及经过进一步数字孪生或数字原生生成的要素内容和内容载体，在更大范围内通过更多种方式的连接和智能化匹配，实现更深层次、更全方位的数字化转型。图5-1给出了元宇宙的数字化逻辑。

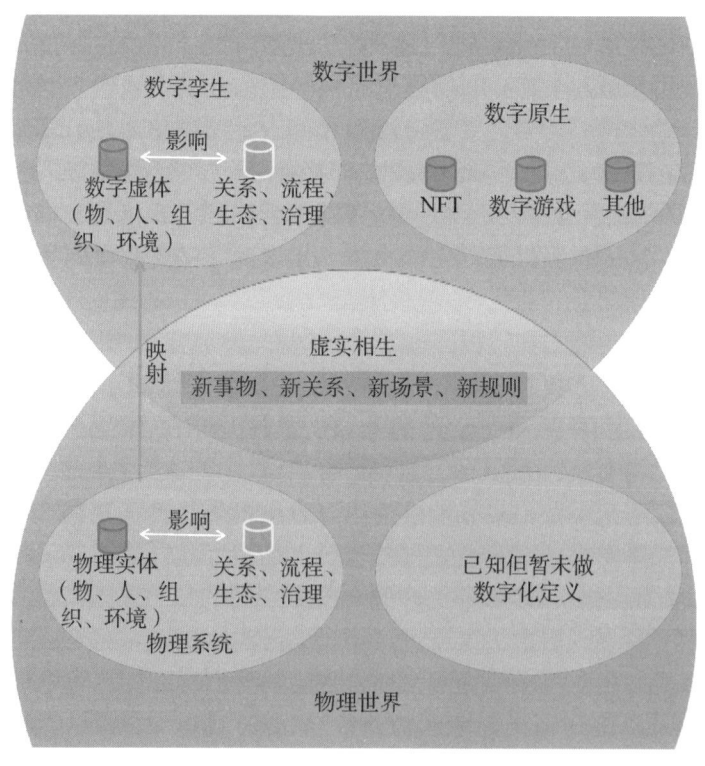

图5-1　元宇宙的数字化逻辑

数字孪生对象的进一步拓展

元宇宙构建在更多数字化要素和数字化内容之上。元宇宙中的数字化要素和数字化内容,无论从数量上,还是从种类上都远超我们前面已经讨论过的信息互联网、消费互联网和产业互联网。除了前面讨论过的那些要素和内容的数字化,至少还有以下要素和内容需要完成数字化,才能支撑元宇宙系统的建立和运行。

由于元宇宙系统中的很多内容尚未呈现,我们仅就必须完成数字化的内容进行阐述。至于这些内容如何数字化,数字化之后的呈现方式是什么,都还有待不同的业务主体通过演化、博弈、选择和被选择之后,才有可能呈现它最终该有的样子,其背后的逻辑链条也才能逐渐显现。

● 人的数字化

人是万物之灵,人的活动主导了世间万事万物的发展和变化。因此,人类主导了互联网的诞生、信息互联网的出现、消费互联网的发展,还将继续主导产业互联网的进一步完善,以及元宇宙的最终实现。

但是,数字技术从来没有完成人的数字化。信息互联网和消费互联网是基于已有的大数据,完成了人在某一个维度上需求的极其简化的数字化描述。其他数字技术和数字化工具,包括医疗器械、身份证和户籍管理等,都是从某一个维度上实现了对人的最基本的数目字管理,还谈不上数字化管理。

当然,人的数字化面临一系列技术上和伦理上的困境。人也同万事万物一样,即使可以通过技术工具的使用实现人的全息成像,但这种全息成像也只是对一个人的外在的物理特性的描述,况且我们还很少有全息成像这样高精度的对人的物理特性的描述需要。另外,我们通过什么工具、采用什么方法来完成人的精神方面的全息成像描述呢?目前好像还没有这方面的技术工具产生。

即使我们有了能够对一个人的物理特性和精神方面进行全息成像那样高精度的数字化描述工具,也能够以数字化方式高精度地完整描述一个人,那么,相应的数据又该如何使用,由谁来使用?相应的数据如何保管,由谁来保管?如果这些数据被非授权用户使用导致比较严重的后果,那么这个后果由谁来承担,如何承担?这些都有待进一步探索。

即使在人的数字化方面存在这么多技术上和伦理上的问题,但人的数字化仍然是元宇宙系统建设必然要完成的关键问题。因为没有人的数字化,就不可能高效精准地实现人与人之间的自动连接和匹配,也不可能实现人与其他内容的高效精准匹配。如果没有人的数字化，那么元宇宙就是外在于人本身的，而这又违背了元宇宙系统建设的初衷。

● **身份的数字化**

在目前的互联网环境下，我们基本都是以"用户名＋口令"的方式登录各个应用系统。在现实生活中，我们通过一个人的外貌，第一眼就能直观地获得这个人的一些基本信息。但是，无论是匿名登录还是实名登录，我们都没有可能基于"用户名＋口令"的方式获取任何可以体现对方个人特征的额外信息。

元宇宙要做到更加真实，使人能够获得更加深度的沉浸感，就需要赋予一个人的身份标识以更多的可视化内容。在元宇宙中，每个人都需要通过其数字化的身份，向外呈现更加丰富的个人信息。至于这种信息是像现实物理世界中的身高、体重、体型、长相、穿衣品位和气质，还是其他内容，有待更多的元宇宙公司进行定义和创造，也有待更多生活在元宇宙中的人自主选择。

在互联网时代，几乎我们所有人的身份都是由一个中心化机构或中心化组织赋予和管理的，无论这个机构是淘宝、京东，还是微信、Facebook，甚至是国家反诈中心App。大家公认的是，元宇宙不可能是由一个企业或一家公司，甚至是由一个国家单独构建起来的。而且，元宇宙不是目前的一个应用或单独一个应用所构造的数据孤岛，所有的应用必须相互连通。因此，人必须能够以一个统一的身份环游元宇宙，能够通过这个数字化的身份将其在其他应用中获取到的权利、地位、声誉等内容转移到其他的应用中，由此就涉及分布式身份（DID）以及附着在这个身份上的其他属性的确认和互认。

此外，在元宇宙中，一个人只拥有一个身份，还是一个人在不同的应用场景下可以拥有多个不同的身份？再进一步，这些身份彼此之间是存在关联，还是几个身份毫无关系？这就带来了更为复杂的人的权利-义务问题。总体来看，元宇宙给了人们更多的自由和选择空间。如果一个人在不同的场景下有不同的身份，并且这些身份并没有任何关联，那么在不同应用或业务场景下，每个身份所能承载的责任、权利和义务就必须被分别定义。

● **关系的数字化**

前面我们讨论过信息互联网中信息供给-需求的连接和匹配、消费互联网中商品与服务的供给-需求的连接和匹配，也讨论了产业互联网中更多生产要素的连接和匹配。但是，作为万物之灵的人，由人衍生出来的众多关系、规则、风俗、习惯、法律、治理等内容，以及由众多关系形成的组织、机构、派系等内容，我们还没有讨论它们的数字化问题。

目前，互联网还没有实现关系的数字化，集体或组织的构成以及内部关系、外部关系的数字化也还是空白。尽管社交平台，如微信、抖音，会在后台生成人与人之间的数字化的连接，但这种人与人之间的连接关系还相当简单。在产业互联网中，由于经济合作、协作等关系会形成一定的经济组织，但前面我们更多关注和讨论的是这些经济组织对外所呈现的特点，并没有深入关注这些组织内部不同主体之间的关系。

在元宇宙中，人与人之间将不仅仅是由经济或消费活动而形成的物质关系，还有更多基于新的业务协同、共同的认知、共同的圈层等维度而形成的关系。

元宇宙中关系的数字化必然要建立在人的数字化和身份的数字化基础之上，而且这种关系必然会超越当前由中心化机构或中心化组织定义和构建的关系种类和范畴，需要形成超越组织、平台甚至国界的更为复杂和真实关系的数字化表达。

● 治理的数字化

当前，人们通过互联网已经实现了部分数字化治理，如疫情中的行程码、健康码。但是，这种治理不是元宇宙中治理内容的全部，甚至不是主要部分。元宇宙中的治理，既包括了利用相应的数字工具高效精准地解决目前现实物理世界中存在和面临的问题，就类似于我们通过行程码和健康码实现对疫情的管控一样，也包括了如何通过元宇宙中的数字技术和数字化工具，应对元宇宙系统所独有的问题。

元宇宙近乎完全的数字化，多中心或去中心构建和部署，对不同数字化要素和非数字要素跨组织跨层级的连接、匹配和耦合，会带来一系列完全不同于我们传统现实物理世界的治理问题。这些治理问题依靠传统的线下或线上治理模式是难以为继的，必须发展出新的治理原则，发明出与元宇宙的数字化运行模式相匹配的治理工具和方法方式，才有可能实现元宇宙治理目的。

在元宇宙的数字世界中，最麻烦的可能还不在于把我们现实世界的治理逻辑平移或孪生到数字世界，而是在元宇宙中迫切需要发展出很多匹配数字世界的运行规则，但又完全不同于我们目前现实世界中的治理逻辑。如果治理的逻辑和规则都没有，又何谈治理？

例如，区块链中智能合约的出现，就带来了一系列用传统治理原则和治理手段解决不了的治理问题。区块链是去中心化系统，一旦智能合约在代码编写方面存在某些漏洞，由此造成的损失及相应的责任由谁来承担？

这类问题绝不仅仅是因为治理技术或治理工具缺失，它更需要全新的治理理念。即使有了相应的治理逻辑和治理规则之后，治理的主体和客体也需要进一步明确。多中心或去中心的元宇宙应该由谁来治理？治理谁以及治理什么？这些都是需要进一步研究的问题。此外，元宇宙中的治理必然也需要通过代码或应用来完成。进一步的问题是，这些治理的应用或代码由谁来编写？元宇宙中的治理以及运行责任如此重大，能由程序员来承担这份责任吗？如果不能，元宇宙中的治理责任又应该由谁来承担？

● 共识及共识达成方式的数字化

信息不对称程度的大幅降低和每个个体信息处理能力的极大提升，必然在元宇宙中催生出越来越多的自治组织。这些自治组织的共识达成以及组织方式，当然要以数字的方式进行。这就涉及自治组织的共识如何通过数字技术和数字化工具形成和表述，基于数字化的共识如何形成不同的决议，这些决议又如何通过数字化工具进行执行等一系列问题。共识形成过程肯定还会面临一系列更加复杂的共识协商以及博弈，而这一过程也应该通过数字技术，依托数字化工具来开展。

目前，几乎所有的区块链项目都对外宣称是分布式自治组织，但这种自治组织更多是一个人或一个团队提出一个所谓的共识，然后认可这一共识的人或组织加入这一共识中。共识的执行过程所需要的协商对话甚至是表决，目前还是通过"一部分数字化 + 一部分信息化"的方式实现的。所谓信息化的方式，是指协商对话主要还是在 Web 2.0 时代的社交工具如 telegram 中完成。所谓数字化方式，是指表决环节可能会通过其他专门的工具来完成投票。

在元宇宙世界中，这一切都应该基于数字的方式进行，而不应该再借助线下的工具来进行。此外，在共识形成、共识表达以及共识执行过程中，如何将目前人能理解的信息化的语言表达的共识，变为数字化的由代码表达的共识，也是元宇宙要完成的任务。

区块链世界中的 DAO 已经在这方面进行了有意义的探讨。但是，目前的 DAO 仍然过于初级，更多还聚焦在共识的执行层面，而对共识的形成、共识的表达都还缺少相应的工具。

● 价值的数字化

人类在元宇宙中必将创造出比现在更多、更大的价值。一方面，元宇宙通过各种数字技术和数字化工具，能够对现有产业的各个领域和环节赋能，带来现有产业价值的增长；另一方面，更多的内容和要素在元宇宙中实现了空前广泛的连接和匹配，这种连接和匹配关系使得这些内容和要素的价值开始显现，这也就意味着更多内容和要素的价值化。这些内容和要素的价值化，是随着元宇宙中经济活动的进一步拓展和内容、要素价值显现自然而然发生的。由此，价值作为更多内容和要素的一种专有属性，其数字化表达和传递在元宇宙中将成为一件特别重要而紧迫的事情。更多内容和要素的价值化甚至有可能突破目前单纯以国家法定货币来进行价值表达的做法，演变为万物价值化。

当前，支付宝、微信支付等各种支付工具只是在支付端实现了货币的电子化转移，远远谈不上价值的数字化表达和价值转移。区块链在一个虚拟空间中以影子金融的形式实现了代币的去中心化发行和支付，虽然这一过程是以数字化方式实现的，但也谈不上是价值的数字化表达和转移。目前，区块链世界所创造出来的同质化通证（FT）、非同质化通证（NFT）、灵魂绑定通证（SBT），以及在此基础之上实现的不同类别FT、NFT、SBT的演化和衍生，将有可能实现更多内容和要素的价值表达。以上这些内容及其可编程性，将为元宇宙拓展出广阔的价值表达、价值创造和价值转移空间。

虚实相生内容的拓展和深化

元宇宙一定不是目前现实物理世界的平行空间，而是包含了目前现实物理世界在内的统一的数字化世界。因此，元宇宙中生成的数字化内容必然要与现实世界中的物理内容以及其他内容发生各种关联，进而演化和衍生出各种新事物。这个过程也就是虚实相生。

产业互联网已经涉及了大量的虚实相生内容，但产业互联网更多是从提高生产效率和生产力的角度，探讨如何通过数字技术实现对现实物理世界中的设备的可编程控制。元宇宙中的虚实相生，涉及的不仅仅是生产及相关领域和环节，还涉及人类生产生活的方方面面。

● 人与人之间关系的虚实相生

其实，自人类开始拥有和掌握文字以后，人与人之间的关系就开始有了虚实相生的属性。在远古时代，人与人之间的沟通交流都是必须见面完成的。但是，在信件、电报、电话、互联网出现以后，除了当面交流之外，人类一直还在不断地拓展新的沟通交流方式。尤其在新冠疫情暴发后，人与人之间的当面交流越来越少，而借助各种数字化工具开展的线上沟通交流越来越频繁。

目前，商业世界通过腾讯会议、Zoom等系统开展的沟通交流，确实在某种程度上替代了线下会议或者线下的当面沟通，尽管这当中的大部分线上沟通交流还局限于熟人或业务伙伴之间，是基于各种业务需要而开展起来的。

在条件允许的时候,这些业务伙伴总还会通过线下的方式见面或进行更深层次的沟通交流。

此外,在博客、微博、抖音兴起之后,大部分人的联系人名单中,相信都会有几个从来没有见过面,但因为兴趣、爱好的相同或相近,或基于价值观的认同而建立起来的联系,而且这其中大部分人或多或少还会通过这些社交软件在线上进行一定的沟通交流,尽管这些人中的大部分彼此从来都没有见过。在条件允许的时候,这些人也会创造机会进行线下的沟通交流,即所谓"网友见面"。

以上这两类情况实际上已经是人与人之间的虚实相生的关系了。

在元宇宙中,这类人与人之间的亦虚亦实的关联会越来越多,人与人之间连接的维度也会越来越多,更多的关联会通过元宇宙的数字世界来建立和完成。真正在物理世界中的关联既有可能会越来越稀少,也可能因线上的沟通交流而发生各种改变,甚至有可能建立和形成一种新的人与人之间的关系和沟通交流方式。

● 治理的虚实相生

元宇宙带来了生产生活方式的变化,也必然带来治理逻辑、治理原则的变化。这种变化至少体现在以下几个层面。

第一,治理内容和治理对象上的虚实相生。传统世界中的治理内容,大多是基于现实物理世界中的各种问题以及生产生活方式而历经千百年的相互影响而逐渐积累下来的。但是,在元宇宙中,数字世界中的内容与现实世界中的内容会紧密纠缠在一起,从而使治理的内容和对象都发生了更加复杂的也是根本性的变化。元宇宙中的治理内容和治理对象,不但包括了目前现实物理世界中仍然存在并将继续存在下去的治理内容和治理对象,而且包括了元宇宙的数字世界中涌现出来的越来越多的需要治理的内容和对象。另外,这种虚拟世界中的治理问题还会与现实世界紧密关联在一起。例如,现实世界中的一个人盗取了另外一个人在数字世界中的虚拟财产,这类问题就需要通过有效的治理来解决。实际上,数字世界中两个不同主体之间的关系也是元宇宙中的治理内容和治理对象。

第二,治理规则和治理工具的虚实相生。现实物理世界的治理规则,无论是法律层面的大陆法系,还是海洋法系,或者是基于不同生产生活方式而形成的具有当地特色的风土人情和风俗习惯,都是与当时当地的生产生活方式基本一致和匹配的。在元宇宙中,数字化的世界与现实世界紧密纠缠在一起,在治理内容、治理对象发生根本性变化的同时,治理的规则和治理工具也必然要发生巨大的甚至是根本性的变化。治理工具在保留目前的法律法规和国家暴力机器的同时，大部分治理工具将以数字方式呈现，并带来相应的治理后果。

第三，治理主体的虚实相生。传统物理世界中的治理主体，包括了远古时代的部落首领、近代的封建领主和现代国家的国家主权机关。在元宇宙中，治理的主体会更加复杂。以国家暴力机器为代表的传统世界的治理主体仍然会继续存在并将继续发挥强大的作用，另一部分新产生和出现的强大的中心化机构也会承担一部分治理工作，这就类似于目前京东、淘宝、美团等中心化机构在人类线上消费场景中所发挥的作用一样。与此同时，更多的基于代码和规则的无主体的治理方式也将在元宇宙中大量产生和涌现。例如，目前区块链世界普遍采用的基于规则进行编码，并实现了系统无差别的去中心化或非中心化运行，就将尽可能多的纠纷消灭于萌芽状态，规避了治理无主体、事中事后难治理的问题。

与此同时，以往基于国家暴力机器、基于中心化机构的权威所采取的线下的治理方式方法，也需要通过技术手段和技术工具实现相应的数字化，以提高治理的效率和精准度。现实物理世界中能够通过数字技术解决的治理问题，自然需要通过运用数字技术来提高治理效率。同时，数字世界的治理问题自然更要通过数字技术来解决。当然，前提是需要有和数字世界运行逻辑相匹配的治理逻辑和治理原则。

● **元宇宙中数字化金融与现实物理世界金融的虚实相生**

数字化世界肯定要有与其运行内容、运行规则相匹配的数字化的货币和金融系统。目前，我们广泛使用的支付宝、微信支付及更多第三方支付仅仅实现了支付环节的电子化。数字人民币实现了货币从发行、支付到最后销毁的数字化，但在使用上还停留在现金的补充和替代层面，没有进入 M1（银行体系外流通的现金和银行内的活期存款，反映了经济中的实际购买力）和 M2（M1 + 定期存款、储蓄存款和其他存款，反映了实际和潜在的购买力）的层面，还不能支撑起元宇宙中的货币金融数字化业务场景。

当然，在元宇宙中近乎完全的数字化应用环境下，现有的货币金融理论和运行逻辑必然要发生巨大改变。这里可能面临的一个问题是，元宇宙中是否还会存在以物理形式作为载体的货币以及对应的金融体系。

此外，在元宇宙中，随着人类生产生活空间的极大拓展，各种内容和要素将获得广泛连接，人类财富和价值的表达方式也将越来越丰富，财富和价值的承载体也将越来越多元。当前的货币金融体系是在工业化大规模生产基础上逐渐演变和形成的，未来元宇宙中包含数字世界和现实世界的货币金融体系必将面临一场深层次的革命。

数字原生构建元宇宙主体

所谓数字原生，是指在数字世界中，完全基于那些已经存在的数字元素/数字化元素之间的演化和衍生而生成数字形态内容的过程。这些内容与现实物理世界基本没有发生过直接关联，也并非基于现实物理世界的规则而生成。

目前，我们能看到的元宇宙中的数字原生内容大多还停留在游戏、艺术等虚拟领域，还处在一个相对小众的圈子里，内容数量少，呈现方式单一，在人类生产生活中也没有占据重要地位，总体上价值不大，甚至被认为仅仅是个别人的雕虫小技。这种认识与人类生产生活的数字化进程刚刚开始，数字原生内容的演化和衍生还未充分展开直接相关。

未来，基于数字原生技术所生成的内容，将是元宇宙中数量最多、覆盖领域最广、最具创造性和想象力且价值最大的内容，也是未来元宇宙世界的主体内容。如果没有大量的数字原生内容涌现并渗透和覆盖到元宇宙中越来越多的领域，那么元宇宙甚至有可能就不能被称为元宇宙了，而只是覆盖在人类原有生产生活上面一层薄薄的数字化涂膜。

未来，元宇宙中这么多的数字原生内容当然不可能全部由人来完成，绝大部分会由人工智能算法自动实现。但是，人的认知、想象在元宇宙的内容数字原生生成方面仍是最重要的存在。

由以上分析可以看到，元宇宙中需要进一步完成的数字化，不仅有现实物理世界中的各种可见事物的数字化，还会有各种可描述但不可见事物的数字化，如关系、治理等。元宇宙中的数字内容/数字化内容也仍然要与现实世界中的物理内容和其他内容发生更紧密、更深层次的关联和互动。此外，元宇宙中最主要的数字内容将基于人类的想象、数字内容/数字化内容的自身演化和衍生逻辑，通过人工智能算法自动完成和实现，是数字原生内容。

如果说基于数字孪生实现的现实物理世界向元宇宙中的数字世界的映射是元宇宙生成和存在的基础，那么元宇宙中的数字内容/数字化内容与现实世界中的物理内容的关联、互动是元宇宙在现实物理世界发挥作用的重要途径，完全基于数字内容/数字化内容进一步演化和衍生出来的更多的数字原生内容则是未来元宇宙世界的主体内容，也是元宇宙未来建设的最重要的发展方向和演化空间。

数字孪生、虚实相生和数字原生，构成了从信息互联网到元宇宙的发展路径。信息互联网完成的仅是"点"上的数字化，即信息和人对信息需求的数字化；消费互联网完成的是"线"上的数字化，即商品和服务的数字化，以及人对商品和服务需求的数字化；产业互联网完成的是"面"上的数字化；

而元宇宙完成的是全面的,"体"的层面的数字化。

5.3 元宇宙中要素的连接、匹配和涌现

在完成相关要素的数字化之后,元宇宙就进入了构建的最核心环节,即数字要素/数字化要素的连接和匹配。如果没有更多数字要素/数字化要素的连接和匹配,就没有原有各种事物的解构和重构,也就不可能有业务流程的改造和新物种的诞生。正是各种数字要素/数字化要素在更大范围内跨越更多层级的连接和匹配,才引发了元宇宙中更多涌现现象的发生,从而使元宇宙真正成为元宇宙,而不仅仅是现有物理世界的数字孪生。

更多要素的连接和匹配

信息互联网、消费互联网以及产业互联网中各种要素的连接和匹配,主要都是基于我们日常对信息供给需求、商品和服务的供给需求,以及产业环节中间的供给需求的已有认知,在人的主导下完成的。元宇宙汇聚了海量的元素,这些元素数量之多、内容之广、覆盖范围之大、元素之间关系层次之复杂、各元素数字化程度和粒度之不统一,都已经超出了人类所能掌控的范围。这就需要基于算法和人工智能来实现不同元素之间的连接和匹配了。

信息互联网和消费互联网中基于人工智能运算实现的连接和匹配,都是连接和匹配的推荐,而是否要实现相应的要素的连接和匹配,最终还要由人来决定。从信息互联网来讲,人工智能算法可以给不同的人推荐不同的信息内容,但人是否选择阅读这些信息内容,最终要由人来决定。消费互联网也会向不同的人推荐不同的商品和服务,但最终是否要购买这些商品和服务,完成人与商品和服务的匹配,仍然最终要由人来决定。

但是,产业互联网中不同要素的连接和匹配不可能完全由人来最终决定,大部分要素的连接和匹配都要由算法来自动化完成。产业的重要性以及不同要素如果错配可能带来的危害性,要求这些算法必须可控,而不能像在信息互联网和消费互联网领域纯粹基于人工智能本身的逻辑去实现要素之间的推荐和连接。

元宇宙中不同要素的连接和匹配,与产业互联网中不同要素的连接与匹配在某种程度上类似,即都要遵循一定的规则或约束条件,而不能进行随意的连接和匹配。元宇宙包含的要素内容更多,逻辑层次更丰富,分布更立体,连接规则更复杂。但是,元宇宙不像产业互联网,产业互联网的很多规则都可以事先拟定,确保不允许连接的要素不会基于算法进行自动连接和匹配。

元宇宙中的要素的连接和匹配主要由算法来完成，对算法的约束也需要通过算法和规则来完成。因为元宇宙中要素内容的丰富、逻辑的复杂、连接和匹配可能带来的后果，早已超出了人类所能达到的认知深度和广度。

新物种的诞生和涌现

元宇宙中要素与要素之间新的连接关系，将带来新物种的诞生。

因为新的连接而产生新物种的过程，在产业互联网的发展后期会逐渐呈现。在产业互联网中要素的数字化会带来两种相反的变化过程，即耦合和解耦。所谓解耦，是利用数字化工具，对原来一个完整的生产要素进行嵌套式的数字化描述。这个过程由表及里、由外部深入到系统内部，由此会在物理上将原来一个完整的生产要素表达为更多更加微观的要素的某种组合。之后，这些更加微观层面的要素在某些情况下脱离了原来的组合或耦合关系，成为一个可以被重新组织或耦合的自由的生产要素，从而完成了原有生产要素的解耦。

另外一个变化过程是不同要素基于某种特定的需要，组合或耦合成为一个全新的生产要素。这些更加微观的生产要素基于经济学原则，在人工智能算法的操控下，将以其他方式与其他要素组合在一起，从而生成一个全新的生产要素。这个全新的生产要素将在不同的生产环节中替代原来某一个或某几个生产要素，进而达到优化业务流程的目的。

在元宇宙中，这种要素之间的跨层级、跨组织、跨边界的匹配连接会更加普遍，更多的要素将被数字化技术进一步分解或解耦。同时，更多要素也将被进一步组合或耦合在一起，从而成为一个全新的要素。当然，每个要素也有可能作为一个灵活的存在，在不同时段与不同要素有着完全不同的连接和匹配方式，生成不同的组织结构体。

基于人工智能实现的元宇宙中各类要素的连接和匹配，必将产生更多的涌现现象。涌现是一种从低层次到高层次的过渡，是在微观主体进化的基础上，宏观系统在性能和机构上的突变，在这一过程中原有的存在将演化为新的存在。区块链就是不同技术的特定组合所产生的一种技术的涌现，而在元宇宙中，这种技术的涌现以及由于要素连接和匹配带来的涌现会更加丰富和多元。

当然，这些涌现必然要在人类的可控制范围内。因此，基于什么样的原则实现数字要素/数字化要素的连接和匹配，允许人工智能连接和匹配哪些要素，把危害控制在什么程度，都需要在事先确定好相应的原则，而不可能靠人后知后觉地对每一次要素之间的超出人类预期的结果再进行检查和检验。

要素连接和匹配的主导者

信息互联网和消费互联网中的不同要素的连接和匹配，一般情况下是由一个第三方机构，也就是某一个平台来主导和实施的。当然，在消费互联网领域也存在由商品和服务的供给方直接完成要素的连接和匹配的情况。前面我们也分析过，这种情况的出现主要与该商品和服务的市场集中度，也就是市场结构有关。

在产业互联网领域，目前承担要素连接和匹配的机构还不清晰，有待我们进一步观察。当然，这个主体极有可能仍然是一个第三方机构。如果这个预判成立的话，那么这个第三方一定是掌握了相关的数字技术，同时对该产业有着十分清晰认知的机构。当然，也有可能是产业中的某个巨头亲自完成产业互联网的建设，甚至有可能是产业上下游关联的相关机构合作完成这个任务。这既涉及思想理念问题，也涉及技术实现能力问题，同时还涉及不同企业或机构在产业链中的地位。

那么，如何实现，以及由谁来实现元宇宙中不同要素的连接和匹配？

目前，几乎所有人都认同，元宇宙的复杂性已经注定了它不可能由单一一个组织机构，甚至不可能由单一一个国家独立完成。因此，跨组织机构甚至国家的要素的连接和匹配，一定需要相关机构的谈判协商和相互妥协，并且将这种谈判结果以数字化的合约形式固定下来。一般情况下，不同机构很难以较低成本获得相互之间的信任。由此，基于区块链构建的去信任网络连接和匹配，就基本可以确定是在元宇宙背景下不同要素之间连接和匹配的主要手段。

在这种情况下是采用区块链中的联盟链还是公有链作为不同要素之间的连接和匹配的主要技术手段，还需要进一步研究和探讨。从节约资源和提高效率的角度来看，我们当然应该在每一个连接和匹配环节构建一个联盟链系统，由要素相关方分别负责对应节点的运营，承担对应的费用。在相关方协商顺畅不出现问题的情况下，这种联盟链的方式会运行得比较顺畅。但是，一旦遇到其他特殊情况导致沟通协商不顺畅，甚至严重到相关节点运营方停止了节点运营，这种信任关系也就彻底不存在了。由此看来，在更加重大的业务场景下，公有链在未来可能会占据更具主导性的地位。

如果不同要素之间的连接和匹配采用联盟链作为连接和匹配的主要方式，那么这个主导方就应该是由相关方组成的一个类似联盟一样的组织机构。当然，这个主导方也有可能是它们共同信任的一个第三方机构。如果不同要素之间的连接和匹配采用公有链作为连接和匹配的主要方式，那么这个主导方还存在不存在,或者谁将成为主导方,就存在相当大的模糊性,因为公有链是完全去中心化的,是由所有人共同主导和维护的,不存在主导方的概念。

5.4 元宇宙构建中的业务流程改造

表5-1给出了元宇宙中不同要素的数字化生成方式以及不同数字要素/数字化要素的组织方式,及其对应的业务流程的改造模式。

表5-1 元宇宙数字化要素生成方式、要素组织方式和业务流程改造模式

技术手段	数字/数字化要素生成方式	组织和组织方式	业务流程
数字孪生	转化	转化	转化
数字原生	创造	创造	创造
虚实相生	再造和创造	再造和创造	再造和创造

元宇宙的构建同其他系统的构建一样,都是要建立在要素、组织和业务三个不同层次上的。元宇宙系统通过数字孪生、数字原生和虚实相生技术,实现和完成了数字要素/数字化要素的构建,这些数字要素/数字化要素的构建方式分别是转化、创造、再造和创造,即数字孪生技术帮助实现了要素从现实世界向数字世界的转化,数字原生技术实现和完成了元宇宙中完全的数字世界中独有的数字要素的创造,虚实相生技术实现和完成了数字化要素的再造和创造。

在组织和组织方式层面,元宇宙系统通过数字孪生技术,完成了现实物理世界中原有的组织和组织方式向元宇宙中的数字化组织和组织方式的转化;通过数字原生技术,实现了元宇宙中独有的数字组织和组织方式的创造;通过虚实相生技术,实现了覆盖元宇宙中的数字世界和现实世界中的组织和组织方式的再造和创造。

在业务流程方面,元宇宙系统通过数字孪生技术完成了现实物理世界中原有的业务流程向元宇宙中的数字化业务流程的转化;通过数字原生技术,实现了元宇宙中独有的数字业务流程的创造;通过虚实相生技术,实现了同时覆盖和关联元宇宙中的数字世界和现实世界中的业务流程的再造和创造。

当然,在这个过程中,不同要素在原有组织结构中的位置,以及在原有业务流程中的位置,也会因为数字化带来的各种解耦和耦合关系的发生、不同连接和匹配关系的发生、新物种的诞生,以及组织和组织方式以及业务流程的转化、创造和再造,而发生各种各样的剧烈的变化。

第六章
元宇宙对人类现有生活秩序的扩展和颠覆

元宇宙将在方方面面扩展人类现有生活秩序,同时也会在多个领域颠覆人类现有生活秩序。本章从人际交往、经济活动和精神生活等 3 个方面分析了元宇宙对人类现有生活秩序的扩展,从信用体系、货币和金融系统、知识产权制度等 3 个领域分析了元宇宙对人类现有生活秩序的颠覆。

当前，对元宇宙的发展存在两个理解和认知的维度：一个维度是业内大部分龙头企业和专家认为的基于 AR、VR、XR 及虚拟数字人等技术构建的虚拟现实，这条路径探讨了人类在数字世界中的若干种深度沉浸场景及未来可能；另一个维度以本书为代表，专注于探讨元宇宙及数字技术对世界底层运行逻辑的改造。

第一条发展路径是当前及未来一段时间的热点。但是，人在虚拟数字世界沉浸之后的行为逻辑、组织逻辑、业务逻辑、治理逻辑将面临怎样的变化，目前还缺少深入的研究。这些变化与沉浸在虚拟数字世界中的人类行为如何结合为一体，也还缺少相关的分析和讨论。

AR、VR、XR 及虚拟数字人等技术的快速发展和广泛应用，可能会给目前在现实物理世界中生活的人类带来惊艳。当然，这种惊艳也可能会演化和衍生出很多更炫酷的应用，但这些内容远未触及未来数字化生活的本质和深层逻辑。

除了前面我们讨论的信息互联网、消费互联网、产业互联网，以及元宇宙给人类生产生活带来的数字化进化，元宇宙还将在更大范围和更深程度给人类生活带来扩展，在个别领域还会带来已有规律和秩序的颠覆。

6.1 元宇宙对人类现有生活秩序的扩展

元宇宙构建所必需的数字孪生、数字原生和虚实相生，以及 AR、VR、XR 以及虚拟数字人等技术，会在方方面面给人类现有生活秩序带来扩展。我们仅就人际交往、经济和精神生活等几个方面展开阐述。

人际交往维度的扩展

人是群居动物，交际是人类固有的天然属性。但是，人类交际活动的可能空间、可承载交际活动的工具，以及由此带来的交际活动类别和相应内容，总要受到一些因素的限制。元宇宙能够实现对人类现有交际活动空间的进一步扩展，进而建立一种新的人际交往秩序。

虽然目前的 AR、VR、XR 以及虚拟数字人等技术所构建的并不一定就是未来的元宇宙，但这些技术以及其他相关技术的发展和应用，会在很大程度上提升人类在元宇宙系统中对自身形象的感知和体验。在未来的人际交往中，元宇宙系统会在更多维度上扩展出人际交往的新的内容和要素。

● 人际交往活动始终受多种因素制约

传统社会，尤其是在前工业化时代，受交通能力和通信能力的限制，大部分人可能一生都难以走出他生活的村庄，因此，他一辈子的所见、所闻、所思也基本都发生在这个村庄里。村庄既是个人生活的载体，同时也规定了个人生活的边界。

工业化时代交通能力有了大幅提高，人类发明了火车，后来又发明了汽车，构建了初步的铁路网和公路网。通信能力也获得了本质上的提升，人类发明了电报，后来又发明了电话。

在今天看来，铁路网、公路网以及电报、电话网都是典型的网络系统，具有典型的网络效应，即使用的人越多，系统的总体效能就越高。但是，受当时生产力发展水平的限制，大部分人的消费能力极其有限，只有极少数人才能享受到火车、汽车以及电报、电话带来的好处。因此，尽管有了铁路、公路、电报和电话，但这些技术发明并未获得应用方面的推广和普及，其社会效应还比较有限。大部分人还是被局限在原来生活了一辈子的村庄里。成为产业工人的那些人，大多数人的一辈子只是从村庄转换到了工厂，其生活范围仍被局限在一个相对狭小的空间里。

在后工业化社会，生产力水平有了极大的提高，人类的生产生活空间也在飞机、高铁以及互联网的帮助下扩展到了全球。这时，虽然人与人可以通过飞机、高铁、互联网联接起来，但受语言等因素的限制，任何一个人虽然可以瞬间知道世界上任何一个角落正在发生的事情，但人与人之间的连接频次和连接的紧密程度，仍然或多或少要受到地域的限制。用社交网络的术语来讲，强连带关系的构建仍然要受到地域等因素的限制。

● 元宇宙扩展了人际交往空间

数字技术的发展和广泛应用，首先带给人类的就是人际交往空间的全方位扩展。

随着互联网的发明和使用，人类开始挣脱地理空间上的约束，可以与全世界范围内的任何人建立起实时连接。但是，人与人之间的联系载体还非常局限，从一开始的电子邮件，发展到后来的实时聊天软件，完全没有面对面的真实感觉。在连接方式上，一般情况下就是文字，尽管后来有了语音、图像、视频，但参与其中的人也还是找不到那种身临其境的感觉，还要受到这些物理性设备的约束，也包括要受到这些设备性能的局限。

基于当前的4G网络，人类可以通过网络视频，建立起人与人之间的近乎实时的连接。但是，网络带宽、计算能力等因素，导致了目前这种连接还存在清晰度不足、网络延迟等问题，更别提人在网络中的深度沉浸了。

未来的元宇宙，除了在基础设施层面要解决网络带宽、存储、计算能力等问题之外，还需要开发出更多带有超级人工智能算法的深度沉浸设备，这些设备将在元宇宙系统中呈现出人的更加丰富的内容,而不仅仅是当前人与人在现实物理世界中给他人所呈现的内容。这将超越古人所说的"天涯若比邻",真正实现世界一体、全球大同。这也是未来元宇宙系统在多个层面需要呈现的内容,而不仅仅是实现对现实物理世界内容的超清晰映射。

● 元宇宙带来人际交往时域上的扩展

在更加强大的人工智能、更多关键性技术突破的基础上,在人类更加丰富的想象力的牵引下,元宇宙还可以帮助人类在一定程度上实现时间旅行,在时间维度上拓展人类生活和社会交往空间。

在元宇宙系统中,或许我们可以穿越时空,回到远古,也可以向后看到未来的几百年甚至上千年。远古的场景设定,除了在技术层面需要用到更先进的VR技术,更应该基于坚实的考古学、历史学等研究成果。未来的场景设定,一定是人工智能基于丰富的想象力,基于当前的技术发展状况和当前的社会发展情况而计算得出的。按照人类社会发展的一般规律,元宇宙系统计算得出的未来场景一定不是几百年或上千年以后的真实世界图景,但它代表了在当前水平下人类对未来的想象和推理,也代表了人类在时间维度上拓展的努力。

● 元宇宙时代人际交往的新课题

除了上面所分析的元宇宙在人际交往层面带来的地理空间和时域上的扩展之外,元宇宙对人类自身在系统中沉浸内容的扩展性呈现,也将带来一系列人际交往属性上的变化。这些变化肯定有好的一面,但也可能带来更加严重的伦理、人身安全等方面的问题。

此外,虽然元宇宙给人际交往带来了更多便利,但是人类在元宇宙中的交往活动仍然要受到一系列约束。元宇宙给人类交往带来的便利,是外在于人类自身的。但是,人作为一个生物体,其自身的生物属性,包括生命的有限性、时间的有限性、精力上的有限性等,都决定了人类在元宇宙中不可能无限制地利用这种便利性。

虽然自互联网发展以后,从个体角度来看,每个个体可以发生交往关系的人数突破了以往历史上的任何时刻,但受邓巴数的限制,每个个体能进行有效交往的人数总体上不会发生突变。由此,在元宇宙时代,每个个体如何能够在茫茫人海中高效找到其目标交往对象,也是元宇宙时代的一个重要课题。

如果这个问题能够解决,那么元宇宙所实现的跨地域、超真实的快速连接,将从理论到实践对传统的人际交往和人际关系提出新的挑战,并有可能重新定义人际交往和人际关系。

经济维度的扩展

元宇宙的构建及一系列相关技术的广泛应用,必将渗透进人类生活的方方面面,这将在多个层面上扩展人类现有的生产生活秩序。

●汇聚更多人类长尾需求

人类在长期的历史发展过程中,受当时的生产力发展水平制约,很多需求都不可能得到满足。例如,在传统社会里,大部分人始终处于温饱边缘,即使是皇帝也难以营养均衡。此外,受到当时生活水平、低效的交通物流的限制,绝大多数人都要自己负责一日三餐,而不可能经常性地外出就餐,因而餐饮也只能是个别人服务于有钱人的一门手艺,难以成为一个行业。

生产力水平的提高,交通物流基础设施的改善和效率的大幅提升,加之网络技术的普及应用,更多的人类长尾需求被汇聚起来,带来了很多新兴行业的出现。例如,近几年出现的外卖配送、网约车等。外卖配送是附属在外卖这样一个新兴行业上的,而外卖服务又是近几年随着网络技术的发展对人类这种长尾需求的汇聚满足。网约车则是在信息技术的快速发展下,对已有出租车,甚至更早的黄包车行业的改进和提升。

●更好地满足人类对产品和服务的需求

信息互联网的出现和演变,更好地满足了人类对信息的需求;消费互联网的出现和演变,更好地满足了人类对各种各样商品和服务的需求;产业互联网的出现和演变,更好地满足了人类对自动化、智能化生产制造的需求以及对更多更有针对性的商品和服务生产的需求。元宇宙将囊括以上所有内容,除了将信息互联网、消费互联网和产业互联网涉及的所有元素以智能化的方式连接起来之外,还会把更多领域的更多内容囊括到元宇宙系统中,通过更大范围内的连接和匹配,使满足人类需求的各种商品和服务的设计、生产制造、配送等全流程工作更加高效。

●改变人类社会的生产函数

元宇宙使我们能够通过数字技术对生产生活中的绝大多数元素进行数字化表达,还能够对构成这种元素的组成部分也实现数字化表达,并通过网络技术实现跨地域的元素连接和匹配,进而实现对传统生产要素的解构以及新生产要素的构建。元宇宙也会演化出不同生产要素的新的连接和匹配方式。这将改写从生产要素、生产流程到服务供给的全套生产函数。

数字技术的广泛应用，以及对更细粒度元素内容的数字化表达，将带来产业内涵的进一步扩张，产业分工的进一步深化，产业链的进一步延伸。这也必然伴随部分已有产业被替代、瓦解甚至消亡，同时新的产业将持续出现，生产将进入更加专业化的螺旋式发展轨道。

● 进一步改变人类生产生活秩序

人类生产条件和生活环境的变化，必然会带来需求结构的变化。这种需求结构的变化会体现在4个方面：一是已有的需求在新的环境条件下极轻松地就被满足了，从而不再成为需求；二是有的需求仍然没能被满足，但在新的环境条件下可能变得更加强烈，或者变得不那么强烈；三是随着环境条件的变化，原有的一些需求目前根本就不存在了；四是更多的新的需求将出现。

这些需求结构的变化，都将带来人类生活秩序的变化。例如，随着生产力水平的发展和物质的极大丰富，绝大部分人对吃饱穿暖的需求已经得到了极大满足，因而这部分内容基本上已经不再成为需求了。在新的物质条件下，人们对长寿和健康的需求则比以往更加强烈，如何吃好、吃得健康成为新的需求。

随着技术的发展，原来人们对邮政、电报、信使的需求，目前也基本不存在了。元宇宙系统中数字技术的应用促使更多新的职业和岗位需求不断涌现，如目前分布在各行各业的大量程序员，以及基于信息在网络上的传播而出现的网络舆情监测。此外，由于目前我们更多生活在屏幕营造的环境下，因长时间用眼造成的眼疲劳以及儿童近视眼，带来了对眼科就诊及眼镜的更多需求。

人类生活秩序的改变，需求结构的变化，必然要求生产方式和生产内容作相应的调整和改变。随着生产的数字化、智能化以及相关要素组合的全球化，数据作为生产要素以及数据对其他生产要素的赋能，将全面改变生产要素本身的属性、生产结构以及生产流程，而这将重构现有的经济学理论。

人类精神生活维度的扩展

除了物质生产和享受之外，人类还有极其宽泛的多层次的精神需求，同时也有极其强烈的精神产品创造的需求。这种需求需要建立在物质基础之上，但其本身不是物质层面的，也无关效率。社会精神生活是人类明显区别于动物，也是人之所以为人的根本性元素。元宇宙对人类生活的穿透，无所不在的连接，以及对各种元素在更加细粒度层次的智能化匹配，带来了人类社会精神生活的极大拓展和丰富。

《社会学辞典》指出，社会精神生活是社会生活的两大领域之一，是一定社会人们的精神生产、思想传播和精神享受过程的总称。社会精神生活的基础是社会物质生活。受社会物质生活特别是物质生产方式制约的社会精神生活是一个历史发展过程。一定历史阶段社会精神生活积极成果的总和，构成了该时代与一定的物质文明相应的精神文明。

元宇宙时代的社会精神生活，也是与元宇宙本身的技术支撑、元宇宙时代的物质生产方式相匹配的。

● 更加大众化的精神产品生产

精神享受是人的需求，精神产品的生产和创造也是人的需求。传统社会受当时生产力发展水平和传播渠道的制约，精神产品的生产和创造主要集中在少数人身上。这些人有的天赋极高且毅力极强但家境贫寒，如梵高；也有的是有着良好的生活条件，如南唐后主李煜、宋徽宗赵佶；还有的极其喜爱艺术但天赋不高，如乾隆。虽然大多数人都有精神产品生产和创造的冲动，但在一般情况下大多数人只能是闲暇之余的自娱自乐，很少能产生真正具有较高艺术水准且有影响力的产品，更没有相应的传播渠道和展示平台。这也是由当时的生产力条件下的社会分工水平所决定的。

有限的生产者无论是在生产种类，还是产品数量上，都只能生产和创造出极为有限的精神产品。有限的精神产品会在一定程度上形塑大众的审美标准，但也限制了大众精神产品创造可能性的进一步发挥。

在元宇宙时代，社会生产力水平将得到极大提高，更多的人可以把时间、精力投入到自己喜爱的事情上，包括从事精神产品方面的生产和创造。元宇宙实现的跨地域连接，也使更多人生产和创造的精神产品可以更方便、快捷地传播到世界上任何一个地方。这些人通过元宇宙也可以极为便利地联系沟通，互相启发，互相借鉴，进而推动精神产品的生产和创造达到更高水准。

元宇宙还能够推动精神产品的生产和内容创造，使生产方式更加多元。此外，元宇宙还可以使这些被不同的人以不同的方式生产和创造出来的精神产品的呈现方式更加多元。传统社会里精神产品的生产和创造方式，既有底层草根的自发创作，也有由政府组织的。目前的精神产品生产和创造一般都由相应的机构进行组织，从业人员规模也远较以往任何时代都更为庞大，很多精神产品的生产和创造也跨越了地域的局限。很多去中心化的精神产品生产和创造自治组织也已经开始涌现。在产品类别方面，精神产品随着社会需求的变化而推陈出新，如最近几年出现的脱口秀，随着NFT的出现而正蓬勃开展的数字艺术等。在呈现方式上，原来表演艺术等很多精神产品只能通过实地演出的方式进行展示，书画艺术等精神产品也只能在极少数人的范围内以实物的方式进行有限次地展示。元宇宙则可以将这些艺术产品生成3D及其他更加匹配的可视化效果,再配合相应的多媒体技术,以更加生动的形式进行展示。

● 带来精神产品的全方位传播

原来很多精神层面的产品,如相声、京剧等表演艺术,主要是在地摊、庙会、堂会等场所以现场演出的方式进行传播。传播的范围仅限于能够看到演出的现场观众,表演者也无法保证每一次演出的效果都是一样的。书画艺术等精神产品的传播范围出于安全等因素就更为有限。传统社会里精神产品的最好传播方式可能就是口口相传了,但这种方式的传播源少、传播渠道单一、传播范围有限,这就限制了这些精神产品社会性的发挥。

当前,人类已经能够实现各种精神产品的数字化,而且这些数字化的精神产品可以通过网络进行高速传播,甚至还可以为实现这些数字化精神产品的供给和需求的智能化匹配。当然,目前这种匹配还相当初级,因为对人在精神产品方面需求的数字化画像还相当粗糙。

在元宇宙时代,在各种技术工具的帮助下,人类可以创造出各种各样的社会精神产品,而这些精神产品也都会有各自不同的呈现方式和传播方式。人们可以更加笼统地表达自己所喜爱的精神产品品类,系统也可以更加精准地将不同的人对不同的精神产品的需求与相应的创作者和产品匹配。

元宇宙带来的精神产品的全方位传播,是在元宇宙系统中构建不同精神产品生产和创作共同体的前提和基础。元宇宙中各种不同的精神产品和创作共同体的出现,将极大地丰富元宇宙时代的社会精神产品生产和创作。

● 精神享受更加个性化

人之为人,既有共性的一面,也有个性的一面。但是,过去限于精神产品的生产能力和传播能力,每个人只能在极为有限的精神产品中进行选择,很多时候甚至还没有选择。

在元宇宙时代,精神产品生产的大众化不仅能丰富精神产品的种类,而且生产出来的精神产品的数量将呈现爆炸式增长,远远超出个体一生所能享受的精神产品的数量。精神产品全方位的渠道传播也将使全世界每一个人都可以享受到元宇宙系统内的所有精神产品。这必然带来元宇宙时代不同人在精神产品选择方面的个性化,而个性化的产品选择自然会带来享受的个性化。

● 可能抑制精神产品的生产和创造

精神产品的选择和享受,即使再个性化,也会呈现比较严重的趋同性,就类似于当前每年的流行服装。那些有着较高认同的精神产品会引发更多同类型的精神产品生产并引领潮流，而那些得不到较高认同的精神产品可能会慢慢地消失在历史中，成为一道远去的风景。

元宇宙对精神产品的全方位传播，有可能极大地加速这一进程。

在传统社会中，由于可获取的精神产品匮乏，人们只能接受那些不那么对自己口味、水准也未必高的精神产品。虽然这些精神产品可能品质不佳，但是保留了多元化精神产品生产和进一步创造的可能性。在元宇宙时代，海量精神产品的涌现，再配以元宇宙的实时传播能力，必然使大部分精神产品难以进入大多数人的视野。那些水准不高的精神产品尽管可以通过元宇宙传播出去，但也难以捕获到受众。因此，元宇宙也有可能导致人类精神产品生产种类上的单调和内容上的匮乏。这一点，无论是在工业化大生产背景下的自然生态系统，还是在网络环境下的网络舆情传播，都有极其有力的证明。

6.2 元宇宙对人类现有生活秩序的颠覆

元宇宙对人类现有生活秩序的颠覆，主要根植于元宇宙系统构建和运行的去中心化。元宇宙系统去中心化构建，内在的社会学方面的根源在于人类生活的多中心化格局，工程学方面的根源则来自元宇宙系统构建任务的复杂以及数字技术对人类的赋能。元宇宙系统构建的复杂性表现为不同国家和机构对元宇宙未来发展愿景、发展重点都有不同的定义和理解。而且，元宇宙系统不可能是由一个国家或一个机构单独构建起来的，更不可能是由一家机构或企业单独完成的。元宇宙系统构建的去中心化必然意味着运行的去中心化。数字技术在赋能所有个体、组织机构和国家的同时，必然带来个体权利的延伸，而区块链的出现就恰好为这种去中心化系统的构建和运行提供了技术支撑。

元宇宙系统运行的去中心化，将对人类现有生产生活秩序带来方方面面的颠覆。人类自工业革命以后，大部分业务组织和社会运行基本都是按照中心化的方式或多中心化的方式开展的。元宇宙系统的去中心运行将带来业务组织方式和社会运行方式的根本性重构。

下面列举元宇宙可能带来的对现有信用体系的颠覆，对现有金融货币体系的颠覆，以及对现有知识产权保护制度的颠覆。

对现有信用体系的颠覆

信用是指人或机构基于历史交往和当前能力而形成的一种相互信任的生

产关系和社会关系。信用的意思是能够履行诺言而取得的信任,信用是长时间积累的信任和诚信度。

一个人在社会中能够生存和发展,信用起到了至关重要的作用。古人云,人无信不立。因为有信用,别人才愿意与你继续交往,并发生各种社会关系。如果没有信用,就没有人愿意与这种人进行任何交往,这往往就造成了这种人的"社死"。

● **传统社会的信用构建**

传统社会中的信用是基于个体之间的反复长期博弈建立起来的。没有这种反复的长期交往,人与人之间不可能建立起信任关系,更不可能建立起信用。

信任以及建立在信任基础上的信用是单向的。例如,甲认为乙有信用,不代表乙认为甲也有信用。个体的信用是外界对其长期行为的一种反馈和评价,在某种程度上也可以认为信用是特定个体的一种自然的内在属性。当然,这种信用必然要与这个个体所能承担的责任相匹配,有一定的边界和上限。同时,在一定范围内信用也是可传递的。尽管信用在传递过程中会存在一定程度的衰减或增强,但这种信用的衰减或增强更多体现的是信用传递链条中的中间节点的人的信用。如果作为中间节点的人的信用强,那么从源点到目标点就会出现信用增强的现象,反之则呈现信用衰减的情况。这种情况可以理解为源点自身的内在信用叠加了中间人的信用担保的结果。此外,传统社会是熟人社会,个体的任何行为都会在熟人社会的范围内传播,进而对个体信用带来影响。这也使得个体对其行为会有更多的忌惮。

但是,单位或组织机构不是个人,个人意义上作为自然和内在属性的"信用"概念很难直接套用到单位或组织机构身上。因此,信用建立的另一个基础是现代金融体系中发展出来的信用评价。信用评价也称信用评估、信用评级、资信评估、资信评级,是以一套相关指标体系为考量标准,标识出个人或企业偿付其债务能力和意愿的过程。

信用得以建立的另一个因素是国家的强制力。个人对信用的承诺和兑现,单位或组织机构对信用的承诺和兑现,都在国家强制力的保护范围之内。但是,国家也存在对外的信用问题,主权国家债务违约在国际交往中也时有发生。

以上三类信用,无论是个体的、单位或组织机构的,还是国家的,都是基于对一个具体的对象的信任。这种信用既与一个主体的长期行为方式和行为结果有关,也与这个主体当前的能力有关。

● 传统方式构建信用体系面临的困难

元宇宙中人际交往范围的极大扩展，交际效率的极大提高，交际对象的极大扩张，交际内容的极大丰富，都使得人与人之间很难再通过传统的熟人社会中的长期反复博弈建立起个体信用。

互联网的发展和数字技术的使用，已经将人际网络由传统社会六度分隔的小世界模型，带进了网络时代的影响力传播三度分隔世界，即任何一个人在网络上的影响力在相距不超过三跳的邻居节点间传播时随着距离的增大而不断衰减，当传播距离超过三跳时则几近消失。互联网的应用使人与人之间的联系更加方便了，搜寻特定人的路径较传统社会更短了，人与人之间的连接却没有更加紧密。元宇宙会进一步拉近人与人之间的关联，但也没有办法进一步加强人与人之间的关联，深化人与人之间的关系。

传统社会基于中间人的信用传递仅仅在理论上有可能成为解决元宇宙系统中信用建立和信用评价的一种方法，但这种方法因存在相当大的交易成本而几乎不可行。因为这种方法需要在浩瀚的元宇宙系统中找到能够被交易双方或多方都认可且自身信用度又比较高的人，并且这个人还愿意作为中间人对双方的信用进行担保。

这种依赖中间人的信用是陌生主体建立信用的方法，也是传统个体信用建立方式的扩展，实质还是要回归到人与人之间经过长期反复博弈才能建立信用的途径上来。这就又回到开头提到的问题，即在元宇宙系统中的人际交往有着与传统熟人社会完全不同的技术基础和社会学特征，传统的信用建立的扩展和传递方式还能满足元宇宙系统的效率要求以及其他方面的要求吗？

● 元宇宙系统中可能的信任构建方式

在这种情况下，区块链以完全数字化的方式基于去中心化架构所构建起来的去第三方信任，为未来元宇宙系统中的信任关系建立提供了一种可能。区块链系统建立和维护的信任，是参与方基于对可执行的代码的去中心化运行机制的信任，而不是针对特定人的信任。因此，在区块链的世界不存在信用概念，也不存在信用违约的概念。

区块链系统建立起来的去信任，应该完整地称为去第三方信任。在其他系统中，互不相识的双方想直接建立起信任关系基本上是不可能的，而区块链系统通过技术手段和机制设计，实现了业务交往中点到点信任关系的建立。这种信任关系表现在两个层面。

第一个层面是对链上数据所表征的历史行为真实性的信任，即通过对技术手段实现的链上数据的真实性、有效性和数据不可篡改、不可伪造的信任，实现了对数据背后历史行为真实性的信任。

区块链通过非对称密码，实现了个体在区块链系统中（可以是匿名）的身份认证；在每一个区块上打上时间戳，并通过哈希函数保证了区块链链上数据的不可篡改和不可伪造；通过其他节点对区块中数据真实性、有效性的认可，保证了记录在区块链链上数据的真实性；通过链上数据的全网一致性分发和冗余存储，基于共识算法，从管理方法和策略上保证了链上数据难以被少数人篡改和伪造。这在传统社会基本上是不可想象的。如果是传统社会，可能需要若干个大家都信任的第三方的共同证明，才有可能使陌生人相信某个行为确实真实发生过。

区块链构建的第二个层面的信任是对智能合约的信任。区块链 1.0 发展阶段，也就是比特币系统，实现了对以链上数据不可篡改、不可伪造的信任。区块链 2.0 发展阶段，也就是以以太坊为代表的更多区块链系统，进化为对智能合约强制可预期执行结果的信任。以以太坊为代表的更多区块链系统基于区块链系统的去中心化构建，实现了代码传输、代码本地化编译和执行过程中的数据不可篡改、不可伪造的信任，确保了该代码在运行过程中不受人为干扰，也就是该机制下的智能合约的执行具有强制性，进而其结果可预期。

区块链所实现的信任，不同于现实社会中人与人之间经过长期反复博弈建立起来并以国家强制力作为保证所实现的信任。无论是在现实生活中，还是在以往的数字世界里，我们都是基于历史行为和当前事件的属性，判断该行为主体在当前事件中的可信任程度。这种信任是对该行为主体的全面信任评价。但是，区块链难以实现对特定行为主体的信任，或者说难以通过区块链系统实现对特定行为主体的信任评价或信用评估。区块链实现的是对记录在区块链链上数据不可篡改、不可伪造的技术手段或机制的信任，是对在不可篡改的规则和机制基础上对未来行为的可预期的信任。区块链系统所实现的信任仅仅包含了可信任和不可信任两个指标，而现实生活中人们对一个行为主体的信用评价则是一个连续的可度量的指标，而不是单一的全部信任或全部不信任。

元宇宙是全球所有个体、企业和组织机构以及国家都要参与并共同建设的系统。因此，在元宇宙中大概率不会存在能够为所有人都认可，且能覆盖全人类所有生产生活场景的可信可靠的第三方。同时，元宇宙是对人类生活的极大拓展，人类在元宇宙系统中将由传统的熟人社会全方位进入到一个陌生人社会。但是，元宇宙系统中人与人之间、组织与组织之间、人与组织之间，都需要实现更多的可信可靠的连接。由此，基于区块链系统由智能合约代码和系统的分布式构建所实现的对非特定人的可扩展信任，就有望成为未来元宇宙系统中信任构建的主导方式。

当然，在元宇宙时代，微观主体在熟人社会基于长期重复性博弈建立起来的信任肯定还会存在，但主体的信任建立基础将有可能被区块链的去第三方信任机制所取代。

对现有货币和金融体系的颠覆

元宇宙系统的运行是建立在完全的数字化基础上的，现实物理世界中几乎所有内容都要通过数字孪生技术完成从现实物理世界到元宇宙中数字世界的映射。人类生活中最重要内容之一的货币，也必然要从传统实物形态的货币向数字形态的货币转变，这将有可能从理论到实践颠覆现有的货币和金融体系。

● 当前世界的货币和金融

货币在流通过程中表现为通货，但其背后则是不同发行方以信用体现的债务。世界各国央行的货币发行数量，也被称为该国央行的资产负债，表现为该国央行的资产负债表，从这一称谓上就可见货币的本质。各国央行通过调节本国货币发行的数量，也就是以缩表或扩表的方式实现对国内经济和物价的调节。

货币作为人类生产生活中的重要元素，其形态随着技术的发展一直在变化，包括货币从一开始以金和银为载体，到后来以纸币为载体，再到当前的电子支付和数字货币。北京师范大学教授钟伟深刻地认识到，随着技术的发展，货币的承载体越来越轻便，到了数字化阶段，货币就不再需要以实物作为其载体了。但是，货币所能承载的信用始终在加强，从一开始的个人信用发展到部落信用，再到之后的国家信用。清华大学教授何平也曾指出，从古至今都存在货币的3类不同的发行主体，即个人、组织和国家。

金融是市场主体利用金融工具将资金从资金盈余方流向资金稀缺方的经济活动。金融是货币资金融通的总称，主要指与货币流通和银行信用相关的各种活动，主要内容包括：货币的发行、投放、流通和回笼；各种存款的吸收和提取；各项贷款的发放和收回；银行会计、出纳、转账、结算、保险、投资、信托、租赁、汇兑、贴现、抵押、证券买卖以及国际间的贸易和非贸易的结算、黄金白银买卖等。

著名华人经济学家陈志武认为，金融的本质是跨期价值交换，就是在双方之间进行的跨越时间的交易。所有的跨期价值交换都是金融，也是金融要解决的问题。现货交易，即一手交钱一手交货，不存在跨期交割和由此带来的一系列信用与违约问题，但金融市场则完全不同，交易是跨越不同时间的。

经过几百年发展，货币的跨期价值交换活动演化出了中央银行、商业银行、信托、保险、登记结算机构、证券交易所、期货交易所、清算所、资产管理公司等各类金融机构，还发展出了证券、期货、期权、衍生品等各种极其复杂的金融产品和金融学逻辑。

我们以货币供给过程中的货币乘数效应为例简单说明。

在货币供给过程中，各国央行的初始货币供应量与社会货币最终形成量之间存在着数倍扩张（或收缩）的效应，也就是货币乘数效应。货币乘数主要由通货-存款比率和准备金-存款比率决定。通货-存款比率是流通中的现金与商业银行活期存款的比率，它的变化反向作用于货币供给量的变动：通货-存款比率越高，货币乘数越小；通货-存款比率越低，货币乘数越大。准备金-存款比率是商业银行持有的总准备金与存款之比，与货币乘数有反方向变动的关系。

假设最低准备金率是 20%，也就是说，当银行得到 100 元的存款时它必须留存 20 元，只能贷出 80 元。假设银行会放足 80 元，现在 A 往银行里存了 100 元，银行再将其中的 80 元放贷给 B。如果 B 把贷来的 80 元又全部存入银行，银行再将其中的 64 元贷给 C，C 又把 64 元存入银行，银行再给 D 贷出 51.2 元……依此类推，央行最先向市场投放了 100 元，市场上最后流通的货币会是 500（即 100＋80＋64＋51.2＋…），其实就是 100×（1/0.2）＝500。也就是说，央行实际发行 100 元，经过中间商业银行的放大，市场上流通的货币量达到了 500 元，货币乘数为 5，其倒数（20%）就是央行要求商业银行的法定准备金率。央行的初始货币供应量与社会货币最终形成量之间存在数倍扩张（或收缩）的效果或反应，这就是乘数效应。

● **区块链带来的数字货币和数字金融**

尽管传统金融机构也都通过数字技术快速地进行金融科技或科技金融改造，推出了更多看起来有技术含量的金融产品，但这种改造更多的是聚焦于如何提升传统金融行业的效率，并没有考虑如何从根本上改变现有金融业的体制和机制。换句话说，目前基于大数据、云计算、物联网、人工智能以及边缘计算在内的各种高科技的金融改造，主要是在技术层面进行的改造，人们并没有意识到技术的发展已经改变了金融业得以建立的一系列基础假设和前提条件。

2009 年面世的比特币系统，在去中心化的点到点网络中创造出了一种数字化发行、数字化流通和非双花支付，并实时清算的虚拟数字货币——比特币，由此开启了数字货币时代。之后出台的 ERC－20 协议，使得任何人都可以发行自己的代币（Token）。同期面世的以太坊系统又引入了智能合约平台，所有人都可以在以太坊的智能合约平台上编写不同 Token 的金融应用。由此，数字金融大幕彻底开启。

（1）数字货币

比特币设置了其发行总量上限为 2 100 万枚，因此更多人将比特币定位为数字黄金。后来其他发行方发行的各种虚拟数字货币有的有固定上限，有的就没有上限了，而且个别发行方发行的 Token 还仿照现实世界中的央行货币发行，设定了相应的通货膨胀系数。再之后，一些中心化机构以 1∶1 的价格锚定美元发行的各种稳定币，则成为区块链数字世界中基本价格参考和价值锚定。

随后，各国央行纷纷开展了自己的央行数字货币研究。不同央行基于各自的实际情况，采取了不同的技术路线。中国央行经过几年时间，也发行了自己的数字货币，但这种数字货币不是基于区块链的分布式系统发行的，而是基于传统的中心化系统，只是在个别环节上使用了区块链相关的技术。

中国央行数字货币定位为现金的替代和补充，即 M0，并没有进入到 M1 和 M2 体系。在发行上依照传统货币的发行，采取了双层体系，即一层是央行，另一层是传统的商业银行和相关机构。

数字货币系统实现了货币发行、流通、支付、结算、清算以至最后销毁的全流程的数字化。当前，我国的货币系统还不能称其为数字的，即便是在数字人民币全面流通以后，我国的货币体系最多也只能称为 0.5 代数字货币系统，甚至是 0.3 代、0.2 代或者 0.1 代。目前关于数字人民币的流通以及背后可能会衍生出什么样的金融产品和金融学逻辑，我们尚不十分清楚。当前的数字人民币体系也尚未与传统的货币体系完全打通。

支付宝、微信支付以及众多的第三方支付平台仅仅完成了支付环节的电子化，远未实现全业务流程的数字化。这些第三方支付平台的建立和运行仍然需要依托传统的商业银行账户体系。用户通过第三方支付平台连接到其在商业银行的账户。用户通过第三方支付平台实施的每一笔资金转移，都需要商业银行调整用户账户中的余额才能实现。此外，货币从央行到商业银行的流转、各金融机构间的结算和清算、货币最后被销毁等环节，仍然是以传统方式进行的，而与数字技术无关。

（2）数字金融

除去那些中心化机构以 1∶1 的价格锚定美元发行的各种稳定币，区块链世界中不同主体发行的虚拟数字货币的价格完全来自共识的强弱，这些虚拟数字货币本身并没有价值承载和依托。在传统世界中，货币的本质是债务，但在区块链世界中，基本没有人对他们发行的虚拟数字货币承诺以某种价格承担兑付责任。

区块链的公有链具有匿名和去第三方信任的特性，因此，区块链世界不存在信用的概念，也就不存在债务的概念。

2020年夏天，区块链世界出现了被称为"DeFi之夏"的去中心化金融热潮。在以太坊智能合约平台可编程金融的基础上，一系列典型应用纷纷涌现。首先是以Compound为代表的超抵押借贷，之后是以Uniswap为代表的去中心化交易所，再之后是类似于乐高积木，在各种去中心化金融应用基础上的应用组合创新以及基础设施搭建。图6-1是2021年夏天我在互联网上找到的以太坊上的去中心化金融（DeFi）业务生态。按大类从上到下、从左到右，分别为支付、用户服务、基础设施、交易所和流动性管理、投资、用户认证和身份管理、衍生品、市场、稳定币、预测、保险、借贷。

图6-1 以太坊上的DeFi业务生态

与去中心化体系结构相匹配的DeFi应用创造出了流动性挖矿的概念，即由不同的流动性提供者共同维护系统运行，并参与系统收益分配，以此确保在去中心化的情况下系统的可持续运转。

Compound所实现的是去中心化超额抵押借贷。Compound本身并不是借贷方，而是通过智能合约平台为所有参与方创建了一个流动性资金池，各流动性提供者可以把自己的闲置资金充抵到该流动性资金池中。这种资金通常是区块链世界具有更多共识的底层资金，如比特币、以太币、泰达币（USDT）、与美元挂钩的稳定币（USDC）等。当用户需要从Compound借贷这些资金的时候，用户需要用其他数字资产做超额抵押。例如，用户需要借价值100美元的比特币，通常需要抵押价值150美元甚至是180美元的其他有价资产。当用户抵押的这些资产在外界价格下跌到一定程度就需要用户补仓，如果用户没有及时补仓，其抵押资产就将被强制平仓。用户通过借贷需要支付的费用，也就是利息，将基于规则在流动性提供者中分配。这就是流动性挖矿。

Uniswap作为第一个去中心化交易所，创建了一个与传统中心化交易所完全不同的交易模式。传统的中心化交易所对同一标的的买方和卖方，依照不同交易时段的撮合原则进行交易撮合，并收取相应的手续费。Uniswap则建立了一个包含两种不同资产的流动性资金池。流动性提供者按照两种资产当前外界的权威价格按比例将自己的闲置资金投入到流动性资金池，然后交易者用自己的一种资产，从这个巨大的流动性资金池中换取另外一种资产，即交易者是与这个流动性资金池进行交易，而不是与传统的中心化交易所中的对手方进行交易。这一点有点类似于传统的中心化清算所。

Uniswap使用了一种被称为"恒定乘积做市商模型"（AMM）的算法。这种AMM算法按照公式 $x \times y = k$ 运行，其中 x 和 y 是流动性池中的不同种类资产数量，k 是两种资产数量的乘积。要想保持 k 恒定，x 和 y 只能相互反向变动。例如，某一交易者在此合约中用基于以太坊的稳定币DAI购买以太币，则他们增加 x（因为增加了流动池中的DAI），同时也减少了 y（因为减少了流动池中的以太币）。但是，这个反向变化不是线性变化，如图6-2所示。

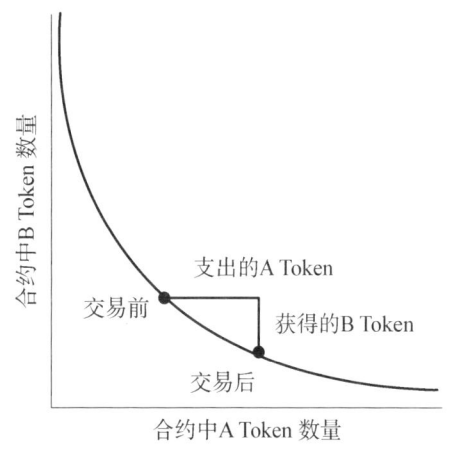

图6-2　Uniswap的自动做市商算法曲线

Uniswap独创的交易模式，是完全基于两种资产的数量乘积，而与这两种资产的价格无关。同时，Uniswap也是基于流动性挖矿模式建立起来的，即交易手续费也会通过系统分配给那些流动性提供者，以此确保系统的去中心化运行。

目前，除了传统金融领域中的信用贷这一品类在区块链世界尚没有对应产品以外，绝大部分传统世界中的金融类别和金融产品在区块链世界都已经有了对应产品，并大多有了进一步的创新。表6-1给出了传统金融与DeFi的对照。

表6-1 传统金融与DeFi的对比

	传统金融	DeFi
监管	机构	用户通过非托管账户或智能合约
记账单位	法币	数字资产或稳定币
交易执行	通过中介机构提供便利	通过智能合约
结算	依据交易情况，3～5个工作日	根据区块链情况，秒级到分钟级，7×24小时
清算	通过清算所进行	通过区块链交易进行
治理	通过交易所或监管机构	通过开发者和用户达成的协议
审计	第三方机构	开源代码/公开账本，任何人都可审计
抵押	可以无抵押，存在风险	超抵押
风险	易受黑客攻击和数据泄露	智能合约易受黑客攻击和数据泄露

当前，DeFi仍是局限在区块链币圈领域内自娱自乐的行为，覆盖领域狭窄，用户体验不友好，使用门槛高，技术逻辑和技术的丰富性也强于业务逻辑和业务形态的丰富性，其发展远未完善。但是，DeFi蕴藏着改变传统金融的丰富的技术、方法、工具、理念和思想。

●元宇宙中的数字货币和数字金融

从区块链发展起来的虚拟数字货币和去中心化金融DeFi，在多个方面都对传统金融带来了冲击。元宇宙系统中的货币和金融系统大概率不可能再按照传统的货币和金融形态存在和运转下去，但也大概率不会构建在目前的区块链公有链架构之上。

(1) 元宇宙系统中数字货币和数字金融的可能存在和运转形态

元宇宙系统中的人际关系虽然还会存在基于小范围熟人社会长期反复博弈以及第三方担保基础上的信用，但这种信用几乎不会成为元宇宙系统中人际关系建立和存在的主要形态。未来，元宇宙中人际关系建立和维护的主要基础应该是在去中心化或多中心方式下，以代码形式体现的公开、透明、不可篡改、不可人为干预的规则。如果未来的元宇宙社会不是构建在人的信用的基础上，那么在金融领域又如何建立价值的跨期交换呢？

元宇宙系统使用的货币必然是数字货币，尽管目前我们还不能完全确定元宇宙中所使用的数字货币的技术形态、这种数字货币在元宇宙中要发挥的功能和它在未来元宇宙系统中的定位。假设未来元宇宙系统中的数字货币就是当前的数字人民币，那么针对数字人民币的 M0 定位，也就是现金，是否存在基于传统记账方式通过各个商业银行开展的 M1 和 M2，以及相应的货币乘数效应呢？如果存在，其背后的运行机理，即价值的跨期交换是依托什么实现的呢？目前金融系统的 M1 和 M2，其实也是基于商业银行自身的信用和信誉实现的资金使用权的跨期转移。

由于匿名以及其他因素，目前的区块链世界尚不存在 M1 和 M2 的概念。所有的币币兑换都是一种代币对另一种代币的现货交易。尽管 DeFi 类别中存在超抵押借贷，但超抵押借贷存在的背后原因是不同代币在共识方面的差异所产生的该类代币在流动性方面的不同。传统金融 M1 和 M2 的界定是建立在国家信用的法币基础上，是资金跨期使用方式上的差别，而区块链世界中基于共识和流动性差异而产生的抵押借贷，与其有着本质上的不同。

此外，在发行、流转、支付等诸多环节，以及其背后的运行逻辑方面，数字形态的货币与目前以纸币为承载体的货币也存在诸多差别。数字货币在流通方面比传统纸币具有更小的摩擦系数，具有更好的即时记账功能，也就是目前区块链系统已经实现的交易即支付，支付即结算，结算即清算。

以数字形式体现的法币在流通上会对现有货币金融体系带来重大影响。国内外在这方面已经有了一些研究，尽管这些研究还不充分。目前，央行数字货币的运行状态还存在多种可能性，而不同的运行方式必然在不同层面、不同维度对现有的货币金融体系带来不同的影响，甚至是颠覆性的影响。

（2）元宇宙系统中的货币和金融体系大概率不会架构在区块链公有链基础之上

区块链公有链上基于 ERC－20 协议实现的代币发行和去中心化金融 DeFi 应用，虽然给未来元宇宙系统中的货币和金融体系构建带来了很多启发，对现有的货币和金融体系带来了一系列挑战，但未来元宇宙系统中的货币和金融体系同样大概率不会构建在区块链公有链基础之上。

首先，基于区块链公有链构建的去中心化代币发行和 DeFi 应用也带来了一系列潜在的法律问题。例如：对智能合约的法律效力如何认定？在去中心化的环境下，智能合约的监管对象和行为主体应该是谁？去中心化的智能合约如何应对内外部环境的变化？由于智能合约不可修改、不可撤销而引发的法律问题如何应对？对智能合约交易不可逆引发的权利受损如何救济？

其次，用户匿名还是实名问题。区块链公有链由于用户匿名会引发责任主体不明、监管难以及洗钱和暗网交易等犯罪行为，这些都是区块链公有链大规模推广应用不得不面对的问题。虽然可以通过引入隐私保护技术实现用户的有限匿名或在实名情况下实现交易的隐私保护，但是这又会带来效率的损失和资源的更多消耗。

最后，区块链公有链最大限度的去中心化架构，存在极大的资源消耗。即使我们不考虑共识建立层面的资源耗损问题，仅仅是所有数据在每一个节点上都要有一个完整的数据备份，就需要额外消耗掉巨大的带宽和存储空间，以及相应的计算资源。

目前，区块链世界针对 Web 3.0 和元宇宙中的个人身份问题，正在制定灵魂绑定通证（SBT）的标准。SBT 具有唯一性和不可拆分性、内容上的可编辑性，不可买卖和转让。但是，如果 SBT 对应到现实生活中的人，使得 SBT 所标识的主体能够承担得起必要的责任，还需要现实物理世界中的法律法规以及国家强制力作为保证。如果 SBT 标准能够应用，那么元宇宙将有可能实现基于人类交际特征的信用以及价值跨期交换。

（3）元宇宙中数字货币和数字金融的发展可能

从比特币开始的虚拟数字货币运行体系的构建，到央行数字货币的发行和流通，再到区块链公有链上各种去中心化金融应用及相关基础设施的飞速发展，都从不同角度展现了未来元宇宙系统中数字货币和数字金融的发展路径。

目前，基于区块链构建的各种 DeFi 虽然存在资源消耗问题，但是如果把传统中心化金融及监管、法律法规等相关基础设施考虑在内，可能 DeFi 在总体上还是远远比传统的中心化金融机构效率更高。当然，对于这种效率提高，需要进一步追问其效率提高的核心要素是什么，以及目前的中心化金融有没有可能通过对数字技术的使用变得更为高效。

可以说，DeFi 在数字金融领域的发展，既是 IT 技术运用的成功，也与这种新型金融应用规避了传统金融所面临的各种规制从而享有的各种制度性红利有关。如果传统金融采用更多 IT 技术，也实行 7×24 全天候运行，并且能够规避现有各种金融规制，在效率和用户友好方面是否也会取得对应的成功？智能合约以及 DeFi 有没有可能在传统的中心化金融系统中建立起来？如果以上这几个方面的内容能够在传统金融系统中建立和发展起来，那么必将对传统金融产生极其广泛而深刻的影响。

货币的数字化以及更多资产的数字化，极有可能带来货币、资产和金融理论的全面改写。当前的金融在很大程度上是基于货币构建起来的，而在元宇宙中，除了货币之外，还会有更多资产以数字化的方式呈现。这些资产在数字化环境下将在更多领域以更多方式得到应用，而数字资产极强的流通性，将有可能进一步模糊货币和资产的边界，而这又会进一步拓展对金融的定义。

对现有知识产权制度的颠覆

知识产权，是"基于创造成果和工商标记依法产生的权利的统称"，英文为"intellectual property"，也被翻译为智力成果权、智慧财产权或智力财产权。

知识产权具有时间性、地域性、无体性、专有性等四大基本特征。时间性，是指专利权人对所拥有的专有权只在法定的时间内有效，期限届满后，专利权人对该发明创造就不再享有专有权，原来受法律保护的发明创造成为任何单位或个人都可以无偿使用的社会公共财富。地域性，是专利权一般只在授予其权利的国家范围内有效，在其他国家原则上不获得承认和保护。无体性，又称非物质性，是指专利权的客体是智力成果，智力成果不具有物质形态，在客观上无法被人们实际占有。专有性，是指除专利法另有规定外，任何单位或个人未经专利权人许可都不得实施其专利。专有性也称"独占性"或"垄断性"。

最主要的3种知识产权分别是著作权、专利权和商标权，其中专利权与商标权也被统称为工业产权。专利权是指国家根据发明人或设计人的申请，以向社会公开发明创造的内容以及发明创造对社会具有符合法律规定的利益为前提，根据法定程序在一定期限内授予发明人或设计人的一种排他性权利。

●依托国家强制力实施的知识产权保护难以适应技术的全球化发展

首先，知识产权保护的地域性已经不适应元宇宙时代技术全球化发展的实际情况。知识产权保护制度，是在国家的强制力之下实施的。但是，国家强制力只限定于该国家主权地域范围之内，也就是地域性。这一点在工业化时代可能是适用的，因为工业化时代更多的知识产权及专利是基于物理或化学原理，建立在各种物质基础之上，不具备相关条件的国家，即使知道了相关的知识内容往往也难以复制。另外，在工业化时代，经济活动和竞争往往发生在一国疆域之内，知识产权保护的地域性也是与同时代的经济活动范围和竞争格局相匹配的。但是，在元宇宙时代，更多的知识产权以及专利本身就是关于数字技术的，也会以数字的形式呈现，其流转速度会更快，适应面也更广。虽然元宇宙时代国家及相应的地域管辖仍然会存在，但是大部分数字内容的流通极容易穿透国家边界。按照目前的知识产权保护制度实施知识产权的保护，将导致相应的知识产权保护和专利等制度在国家边界以外失效，进而形成国界之内有保护、国界之外无保护的奇怪景象。

其次，知识产权的专业性和复杂性注定了知识产权保护效果上的不尽如人意。知识本身的专业性，外加产权的专业性，注定了知识产权保护的专业性和复杂性。目前，知识产权的申请、鉴定、批准和侵权认定都已经是极其专业化的事情，其专业程度甚至不低于知识产权内含的知识本身。由此导致知识产权的申请、认定和批准周期长、环节多、审批慢。知识产权的侵权需要权利被侵害人举报和举证，之后还需要专业机构进行认定，复杂的可能还需要由专门的法庭判决，其间又需要专业律师参与，其能够起到的保护效果不尽如人意。这方面国内外相关案例举不胜举。

另外，知识产权认定是由国家设定的专业部门和指定的专业人员来实施的。但是，任何人即使专业性再强，面对知识产权保护所覆盖内容的广泛性，总会存在知识上的不足，这就可能会带来很多认定上的错误。例如：真正具有创意的内容由于认定人和认定机构的水平能力问题而没能被认定为知识产权；很多不具有相应水准的内容被认定为知识产权；已经被认定为知识产权保护的内容改头换面，以另外一种方式申请同样被认定。所有这些情况都会给知识产权保护带来更深层次的问题。如果聘请外部专业机构或专家来进行知识产权的认定，这一方面增加了业务流程的复杂性，另一方面也为相关人员提供了设租、寻租的空间，有可能进一步歪曲知识产权制度的本意。

最后，知识产权保护的覆盖内容有限，难以满足元宇宙时代技术的多样性发展。知识产权虽然保护的内容和种类比较多，但从形式上主要还是著作权、专利权和商标权。但是，在元宇宙时代，更多的技术创新可能并不能以著作权、专利权或商标权的形式体现，如比特币这种组合式技术创新，或者其他因技术组合结构改变带来的涌现现象，其知识产权和专利该如何申请、认定和保护呢？在元宇宙时代，更主要的技术创新方式可能是类似比特币这种技术组合方式的创新，它不同于传统意义上的单点技术创新，但又上升不到科学发现的层次。

- 阻碍技术发展和应用的坏制度

知识产权保护制度设定的初衷，在于维护知识产权发明者的利益，从而保护社会发展的原动力，保证社会发展进步的正常和有序。但是，知识产权保护制度及相关的专利保护，在某种程度上已经成为大企业构造竞争壁垒，甚至是实施垄断的武器。国际上很多大公司都曾以此作为武器，高价聘请知名律师，起诉竞争对手，从而获取超额垄断利润。

国际大公司的这种做法，一方面可能确实因为自己的知识产权或专利被侵权了，但另一方面也存在通过这种高额诉讼，打乱竞争对手的进攻节奏，甚至通过自己雄厚的财力以不正当的方式获取竞争优势的可能。

为了实现专利许可收益的最大化，近些年专利战略的实施主体已经逐渐从单一个体发展为众多个体组成的专利联盟。也就是说，企业间基于共同的战略利益，以一组相关的专利技术为纽带组建专利联盟，联盟内部的企业实现专利的交叉许可，或者相互优惠使用彼此的专利技术，对联盟外部共同发布联合许可声明。

此外，还有一种新的专利竞争方式，即专利标准化。越来越多的大企业在制定行业标准的时候，将自己的专利内容作为标准，以此将竞争对手隔离在产业竞争之外。

● **不能适应元宇宙时代技术涌现的发展趋势**

现有的知识产权保护是以一种中心化的机制实施的。当然，在传统社会中，知识产权保护必然以国家这种中心化组织来实施。围绕这个中心化组织，各种错综复杂的设租、寻租，以及相应的代理机构必然会滋生出来。虽然知识产权保护制度设立的初衷值得肯定，但是目前这种知识产权保护机制已经难以适应当前产业和技术的发展趋势了，知识产权申请、认定和保护的效率也难以跟上当前技术的发展速度，更不用说元宇宙时代了。以至有网友说，技术的发展速度就是最好的知识产权和专利保护。

近年来开源运动的兴起，则可以看作是对现有知识产权及专利制度的一种反动。Linux 操作系统就是开源运动的最显著成果。开源运动没有遵循现有的知识产权及专利保护规则，自己发展出了一整套行业规范并为开源系统内的所有人所认可和遵守。如果说知识产权以及专利保护，是在个体与个体竞争层次上对己方的保护措施，那么开源运动就是在生态与生态竞争的层次上采取的吸纳更多开发者和用户的防护措施。从结果来看，开源运动极大地推动了知识和技术的发展。

但是，在数字经济时代，很多律师以及法律工作者还在试图用传统的知识产权以及专利保护的概念去规范元宇宙时代的知识生产和技术创新。

元宇宙的去中心化构建，要求参与元宇宙系统建设的相关方遵循尽可能相同或一致的协议和规范。因此，如果某一方掌握一项非常关键的构建元宇宙的知识产权，而这一方基于知识产权和专利考虑，并不愿意对外共享相关协议和规范，那么其他建设参与方完全可以另起炉灶，以更低成本甚至免费的方式获取更多用户，从而让后者成为事实上的标准。如果是这样，那么传统意义上的知识产权保护制度也就失去了其存在的价值和意义了。

同时，在元宇宙时代，更多的知识以及劳动成果都将以数字的形式体现，这既包括存储在数据库中的数据，也包括以代码的形式体现的规则和知识创造成果。数据的边际可复制成本几乎为零，且数据复制不易跟踪，这在传统的知识产权保护概念下就更有可能导致侵权问题的产生。

区块链公有链系统的建设和发展，在现有的知识产权和专利保护制度之外为我们提供了一种新的推动技术发展和应用以及确保社会秩序的可能性。区块链公有链是一个完全的去中心化系统，包括运行在区块链公有链上面的各种应用也都是完全去中心化的。为保护系统和应用的正常运行，区块链系统从最底层就实施了相应的激励机制，也就是各种挖矿机制，将系统和应用获取的收益按贡献比例分发给相应的参与者。为了取信于人，除了严格规范各种技术手段的使用，区块链公有链系统及其上层应用还要求所有代码开源，且开源代码能够在任一节点不可修改地本地化编译和运行。

区块链公有链领域不存在任何知识产权保护，区块链公有链及运行在其上的各种应用持续快速推动了区块链的发展。各种代码开源之后，任何人不但可以查看所有源代码，还可以将开源代码从一个 GitHub 账户复刻（fork）到另一个 GitHub 账户并为其所用。例如，在第一个去中心化交易所 Uniswap 上线运行并代码开源之后，几乎立刻就有人在 Uniswap 源码基础上稍作修改就发布了另外一个去中心化交易所 Sushiswap，而且也获得了相当多人的支持。区块链公有链这种代码开源任意复刻的方式，极大地推动了区块链的发展，而且这种发展还在持续加速推进，这个行业中的所有人，包括各类开源代码作者，好像也非常享受这种方式。

未来，元宇宙系统是否还需要知识产权，需要哪种知识产权以及是什么形态的知识产权，元宇宙中的知识产权将以哪种方式进行保护，或者干脆就不再需要任何保护，都将成为元宇宙系统发展的重要课题。

第七章
元宇宙中组织和治理的进化

组织和治理极有可能是元宇宙给人类现有生产生活秩序带来最大挑战的领域。一方面,数字技术将使元宇宙中的组织和治理更加高效;另一方面,现有的很多组织和治理原则在元宇宙中将面临被颠覆的可能。同时,新物种的出现、新规则的涌现,也是元宇宙中组织和治理必须面对的新问题。

相对于经济发展和内容创作等领域的变化,组织和治理在任何时代、任何社会都是慢变量,但又是至关重要的发展变量。按马克思主义政治经济学的分类,经济发展和内容创作属于生产力层面的内容,而组织和治理则属于生产关系层面的内容。生产关系必须与生产力的发展水平相适应,既不能超前,也不能滞后,否则就一定会带来整个社会发展的不和谐。因此,在经济发展和内容创作都已经进入几乎完全数字化的元宇宙时代,包括经济发展和内容创作在内的整个社会的组织和治理方式也必然要发生相应的改变。这种改变,既有因经济发展模式和内容创作方式等数字化变革而不得不做出的改变,也有因技术要素作用发挥方式的变化以及技术对整个社会渗透程度的加深而带来的社会组织和治理方式本身不得不做出的改变。

组织(Organization),是指由诸多要素按照一定方式相互联系起来的系统。从狭义上说,组织是指人们为实现一定的目标,互相协作结合而成的集体或团体。在现代社会生活中,组织是人们按照一定的目的、任务和形式编制起来的社会集团。组织不仅是社会的细胞和基本单元,也是社会构成的基础。从管理学的角度来看,组织是具有明确的目标导向和精心设计的结构与有意识协调的活动系统,同时又与外部环境保持密切联系的社会实体。

全球治理委员会于1995年对治理作出如下界定:治理是或公或私的个人和机构经营管理相同事务的诸多方式的总和。它是使相互冲突或不同的利益得以调和并且采取联合行动的持续的过程。它包括有权迫使人们服从的正式机构和规章制度,以及种种非正式安排。凡此种种均由人民和机构同意或者认为符合他们的利益而授予其权力。治理不是一套规则条例,也不是一种活动,而是一个过程;治理的建立不以支配为基础,而以调和为基础;治理同时涉及公、私部门;治理并不意味着一种正式制度,而有赖于持续的相互作用。

治理是一种由共同的目标支持的活动,是政治国家与公民社会的合作、政府与非政府组织的合作、公共机构与私人机构的合作、强制与自愿的合作。治理的主体未必是政府,也不一定非得依靠国家的强制力量来实现。管制的权力运行是自上而下的,它运用政府的政治权威,通过发号施令、制定和实施政策,对公共事务实行单一向度的管理。治理则是一个上下互动的过程,政府、非政府组织以及各种私人机构主要通过合作、协商、伙伴关系,基于共同目标处理公共事务,所以其权力向度是多元的。

本文所指的元宇宙中的治理,是贯穿元宇宙中所有业务、场景和环节的各种资源的组织方式,是元宇宙中各要素之间的关联、匹配、解耦和耦合的规则和方法,是元宇宙系统得以建立和运行的核心要素,是元宇宙系统的运行秩序,是广义上的治理,而不是特指的某一个领域或某一个维度上的治理。

7.1 组织和治理数字化转型的必然

组织方式和治理方式是在给定的外部环境条件的约束下，尤其是在给定的技术水平和生产生活条件的约束下，历经漫长的岁月沉淀而逐渐形成的，具有极强的历史延续性。组织方式和治理方式反过来也会参与塑造当前外部环境条件约束下特定区域的文化、风俗、习惯等软性制度。因此，组织方式和治理方式既是技术水平和生产生活条件变化的因变量，也是文化、风俗、习惯等因素变化的自变量。

但是，无论是因变量还是自变量，组织方式和治理方式都是社会发展和时代变化中的慢变量，极难被撼动。在技术水平和外部环境没有发生根本性变化的情况下，历史上试图从上到下变更组织方式和治理方式的努力多以失败而告终。

组织和治理数字化转型的背景

元宇宙中人类的生产生活将主要基于数字内容来开展，这一方面改变了人类生产生活的方式，另一方面也改变了人类生产生活的内容。技术的发展和广泛应用，自然会倒逼组织和治理方式的转型。

● **技术发展带来的组织和治理背景的转换**

组织和治理规则的数字化转型，需要考虑原来治理规则背后的内容，即规则之所以成为规则的背后因素。在数字化背景下，很多原有规则背后的因素都已经不复存在或已经被转化，因此，必须基于数字化和元宇宙背景重构组织和治理的规则。

技术的发明和广泛使用从来都是组织方式和治理方式变革的最重要因素。蒸汽机的发明和电的使用对人类组织和治理方式变革的影响不言而喻，交通能力的提升和通信技术的应用对社会的组织和治理方式的改变也都发挥了重要的作用，甚至在微观层面，计量单位也会改变其内涵和固有属性。例如，飞机和高铁普及以后，距离在很大程度上已经不再是一个大问题，衡量城市间距离的单位也在不知不觉中从原来的多少千米变成了几个小时，开始以时间单位来计量距离。

近十几年以来，数字化越来越成为我们这个时代最鲜明的时代背景。

20世纪八九十年代，全球基于数据开展科学研究的一个主要方式是模拟仿真。由于当时数据获取存在极大的困难，人们只能基于有限的数据，试图通过模拟仿真技术发现事物背后的发展规律和事物本身的特征。近年来，随着存储、网络、算力等数字技术底层基础设施性价比的大幅提升，以及传感器、云计算、大数据、人工智能等中间层技术的快速发展及其应用的迅速普及，我们进入了大数据时代。在大数据时代，数字技术开始涌入人类生产生活的每一个场景和每一个环节，完成了对人类生产生活一个又一个领域的渗透。数据开始成为新的生产要素，数字技术以排山倒海之势在飞快地改变人类的生产生活，从微观层面带来了人类生产生活方式最直观的改变。

如果说在当前阶段，数字技术对人类生产生活场景的渗透还有待进一步深化，对人类生产生活的覆盖面还有待进一步拓展，相关技术的智能化程度还有待进一步提高，那么，在元宇宙时代，数字化将深入到人类生产生活的每一个场景和每一个环节，数据的采集、存储、传输和处理，以及人类基于数据对万事万物的操作都可以实现高度的自动化、数字化和智能化。这意味着人类社会数字化生产生活的底色完成了从传统时代的农业和近代的大工业到元宇宙时代的转换。

在元宇宙中，人类的绝大部分生产生活场景都将在数字化环境下展开。数字化环境下的组织将代替现在非数字环境下的组织而成为人类组织的主体，基于数字技术实现的组织治理将成为治理的主要方式。目前，治理所依据的主权国家的法律、法规和制度，以及民间的文化、风俗、习惯，在很大程度上都将因数字技术的广泛应用而做出相应的改变。

当前数字技术的广泛应用已经在这方面为我们描绘了一些变革的初步图景。例如，通过猪八戒网等专业化外包网络应用，互不相识的个体基于任务发包的方式就可以完成某项特定任务，再通过其他网络应用，多个不同主体还可以建立起深度不一的协作关系。又如，美团、饿了么等机构基于灵活的用工方式开展外卖的配送服务。这些基于技术变革而发展起来的业务协作，已经与传统的组织及其相应的治理方式相差十万八千里了。

但是，我们也要充分认识到数字化的组织和治理并不是绝对完美且可以独立运行的。例如，猪八戒网、美团、饿了么的正常运行仍然需要线下的一些组织机构和治理工具的配合，或者说需要以线下组织机构和相应治理关系的存在作为基础。否则，一旦这些线上业务出现纠纷，尤其是业务的参与方与平台之间出现纠纷，仅靠平台自身以及平台所构建的数字化运行机制是无法进行公平公正处置的。当然，在元宇宙时代，这些线下组织机构及其相应的治理关系也将更多以数字化的方式存在和运行。

组织机构的存在形态及其治理方式虽然与其内部具体业务有直接关系，但从总体上来讲，主要还是外部环境的产物。技术的发展和技术应用的普及，在微观层面改变了组织及其治理方式的外部约束条件。数字技术使人与人之间的信息不对称程度极大降低，同时也带来了个体信息处理能力的极大提升。这一改变使原来基于规模化工业大生产基础上以效率提升为主要目的的专业化分工变得不再那么重要，人与人之间的关系也不再被局限在某一个单一的组织机构内部，而更多的是以自主自治的方式，在微观层面以星火燎原之势变革人类的组织方式和治理方式。

● 经济发展和内容创作模式的数字化

前面我们在分析消费互联网和产业互联网的数字化转型的时候，涉及了业务流程重构问题。消费互联网会因为市场中不同行业的市场集中度等因素，带来业务流程的不同重构方式。产业互联网还会在数字化业务单元之间以及数字化业务单元和非数字业务单元之间完成大范围的连接和匹配，并带来新物种的诞生。这些要素的连接、匹配以及新物种的诞生，都会带来组织结构方式的改变和治理关系的调整。

在元宇宙中，经济的边界会获得进一步扩展，内容创作更是会成为未来元宇宙中经济的主要创新方式和价值创造方式。这本身就意味着将有新的要素和组织方式产生，也自然会有相应的治理结构出现。

当然，在产业互联网和元宇宙的经济系统构建和内容创作过程中，除了上面提到的由于各种要素的新的连接和匹配关系的建立，以及新物种的诞生而带来的新的组织关系的构建之外，原有的一部分组织也会在数字技术的作用下被解耦，构成该组织的各个要素被还原为一个又一个粒度更微小的部件，并参与到新的组织的构建中。同时，已有组织的治理模式也将在相当大的程度上由传统的基于命令和管理的治理变为线上基于规则和协商的治理。

元宇宙中基于经济系统构建和内容创作而带来的组织层面的变化会体现在多个层面。第一个层面，在元宇宙时代，组织的数量会更多。这与更多个体具有更多的自主性有直接关系，即一个主体已经不仅仅被局限在一个组织内，而是可能会同时分布在多个组织关系中。这也带来了组织内部各要素之间的耦合关系的变化。

第二个层面，组织的形态会更加多元。组织形态多元会体现在多个方面。一是组织内部各要素之间的关系会由原来的一致紧耦合状态，在总体上向更加松散的耦合状态过渡。这个过渡过程中肯定会有耦合程度更加紧密的组织生成，但总体上来讲，元宇宙时代组织的耦合程度会更加松散，组织方式会更加灵活。在元宇宙时代，除了以目前的机构和企业状态存在的组织以外，更多涌现出的组织将是基于不同契约关系而构建的新型组织。二是元宇宙时代的组织通常会跨越目前的地理空间限制，不再受或极少受地理空间的局限。

三是元宇宙时代的组织目标会更加多元，即使是同一类型的组织，目标也会较传统社会中的目标更多元。这个特点与组织本身的结构越来越松散、构成组织的个体自主程度越来越高直接相关。

组织方式、组织目标的变化自然会带来组织治理方式的变化。技术的发展，尤其是数字技术的发展，已经给不同类型组织提供了更加高效的组织和治理工具。

组织和治理数字化转型的必然

组织和治理即便是所有时代和社会发展中的慢变量，也需要因时代的发展而做出改变。技术的发展已然为元宇宙中的组织和治理提供了更先进和效率更高的工具，元宇宙中的经济体系、内容体系、金融体系、身份系统等诸多领域也已经是基于数字化技术/数字技术而建立起来的，那么作为经济发展和内容创作等诸多领域不可或缺的内在的组织和治理方式也必然要与之相匹配。

● 数字技术发展的必然

元宇宙不仅包括了我们目前所有的数字技术，还会将其他各种技术包括进来。《元宇宙十大技术》一书提纲挈领地总结了元宇宙系统构建和发展不可缺少的十大技术，如图7-1所示。这十大技术分别是：作为元宇宙系统运行

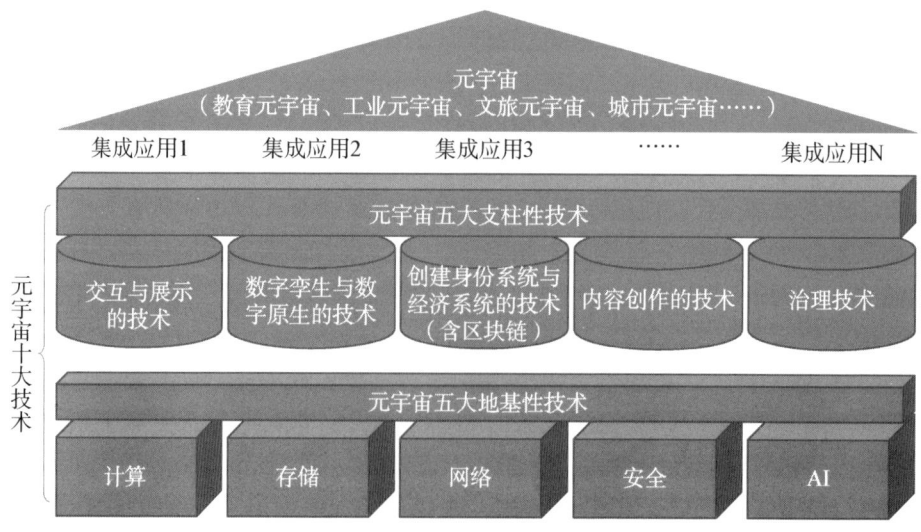

图7-1 元宇宙十大技术

能量的计算技术；作为元宇宙系统运行的土壤的存储技术；能够连接元宇宙一切的网络技术；作为元宇宙系统定海神针的安全技术；实现和完成端到端智能的 AI 技术；人类进入元宇宙系统的交互与展示技术；作为元宇宙数字底座的数字孪生和数字原生技术；创建元宇宙身份系统与经济系统的区块链技术；创建元宇宙繁华景象的内容创作技术；确保元宇宙按规则和秩序运行的治理技术。这十大技术按其职能，分别构成了元宇宙系统建立和运行的地基性技术和支柱性技术。

当然，对建立和完善元宇宙系统来讲，目前这十大技术还远远不够。这 10 项技术中的大部分技术都需要取得更大跨度的发展，有些甚至需要革命性的进步，才有可能胜任未来元宇宙系统的构建任务。不过，目前在这些技术基础上所构建出来的数字化应用场景，已经很好地证明了数字技术在各个领域几乎都提高了效率，创建了更好的协作方式。组织和治理的数字化已然成为当今时代发展的大趋势。

在未来元宇宙基础设施层面，数据采集粒度会更加精细，网络传输速率会更加快捷，存储容量会越来越大，数据运算会更加高效，算法会越来越智能，安全技术的保障能力也会越来越强。在人机交互层面，交互展示会更加流畅和逼真，更加先进的数字孪生技术会将整个现实物理世界完整地映射进数字世界，数字原生技术也将在数字世界中创造出更加丰富多彩的生产生活场景。区块链系统不仅可以为每一个人创建一个分布式的可信身份，还可以在元宇宙中实现业务关系的扩展。内容创作技术将在元宇宙中呈现出远比当前我们在现实世界和数字世界中看到的和想到的都要丰富得多的内容和场景。与之相匹配的，保证元宇宙系统构建的有序进行，且贯穿所有业务场景和业务环节中的组织和治理的数字化，则是元宇宙系统建设的必然要求，也是技术发展的必然追求。

● **数字化转型的必然要求**

当前，经济发展和内容创作等领域几乎已经全面开始了数字化进程，这就使得相应领域的组织和治理也必须实现高度的数字化，才能至少在形式上与经济发展和内容创作领域的数字化进程适应和匹配。当然，经济发展和内容创作等领域的组织和治理也不仅仅是单纯的形式和内容的数字化问题，更要根据数字化的经济发展和内容创作的形态和特点做出相应的调整和改变。

首先，组织是经济发展和内容创作的承载体。无论是经济发展还是内容创作，都需要通过一定的组织，并在一定的治理规则下才能完成。即使是最个人化的内容创作也不例外。以文学创作为例，文学创作确实可以单独一个人开展并完成，但开展文学创作的人不可能生活在真空环境中，他必须与外界进行物质以及信息方面的交换，才能确保他的文学创作能够继续下去。此外，在完成了相关内容的创作之后，他还需要通过相应的渠道才能把他的创作内容向外传播，由此才是一件文学艺术品的全生产业务流程。对外传播这件事情，仍然需要通过其他人的帮助才能完成。也许帮助他完成作品对外传播的还是个人，但这种个人和个人在不同业务环节上的配合，已经是一种新型的组织了，只是这种组织的形式和内容不同于以往的组织机构。这些人配合在一起完成这件内容创作的方式，本身也是一种治理规则和治理模式，只是这种治理更多是以协同合作的方式，而不是以命令和管理的方式完成的。

其次，组织和治理是经济发展和内容创作的方法。绝大部分经济发展和内容创作等活动都是社会性的活动，而社会性的活动就不是一个人能够全部独立完成的，必须通过组织和治理，动员和组织其他人一起来完成。因此，如何组织、如何动员就成为经济发展和内容创作能否顺利完成的关键。这实际上也是经济发展和内容创作中的一个具体的治理问题。

最后，治理是经济发展和内容创作的规则和规范。经济发展的不同内容以及不同内容的创作都有其各自的特点和属性，也都有其自身的资源和人员的动员方法、组织方式和治理规则。如何将这些众多要素依照其相应的特点和属性组织动员起来，共同实现经济发展和内容创作目标，是治理需要完成的任务。由此，治理就成为经济发展和内容创作的规则和规范。

7.2 组织和治理数字化转型的要素和趋势

元宇宙系统构建过程中，几乎所有要素都需要完成数字化。这些要素，除了我们能够看得到的各种物理性存在之外，还有文化、制度、风俗、习惯等要素，这些要素的数字化也就是元宇宙中组织和治理的数字化。

组织和治理相关要素的数字化

组织和治理涉及的要素极其复杂，从类别上至少包括了组织治理的主体和客体、组织治理的规则和工具。这些要素不仅需要完成相应要素的数字化，还涉及在元宇宙背景下这些要素的转型问题。

● 组织治理主体的数字化及其变化

组织和治理的主体，一般情况下是指某项具体业务工作的组织者。这个组织者，通常是一个或几个具体的人，或者是某一个或某几个机构。如果组织治理的主体是机构，那么这项具体的业务工作通常还是会落实到某一个或某几个具体的人身上。

在现实物理世界，权威机构，如国家、部落，通常会赋予每一个主体一个身份。这个身份与相应的人绑定，从而让每一个人在现实物理世界中成为一个具有组织治理权力或被组织治理的存在。但是，在元宇宙中，我们如何数字化表达一个具有相应责任、权力和利益的人，还有待进一步探索。

技术的发展使这些本来看起来很显然的事情，在元宇宙时代就不那么明显了。在元宇宙时代，由某一个人或某几个人负责某项具体业务工作，这一类型的组织治理工作肯定仍然会存在，但同时也存在另一种业务工作的组织和治理方式，即去中心化自治组织（DAO）及其相应的治理方式。

例如，目前在区块链世界中逐渐形成规模的 DAO 就已经成为区别于传统组织治理的另一种方式。在 DAO 的组织治理方式中，可能仍然还会有任务或工作召集人，但绝大部分参与者不是因为对这一个特定召集人的信任或服从才参与这项工作，而是在数字化分布式的环境下，因为对以代码表示的合约的信任来参与这样一种活动。这种活动合约明确了每一个参与者的职责、权力和利益，并且合约一旦制定就难以被更改，即使在运行过程中发现合约存在问题。如果这个任务或工作的召集人或其中一些参与者强行去修改运行中的合约，则极有可能导致这个 DAO 的解体。当然，在解体的同时，相信新的 DAO 的运行规则的人将会组建另一个新的 DAO。

DAO 这种方式最多只有召集人，而没有传统世界中的组织和治理者。DAO 的组织治理不是通过某一个人或某一个机构来完成的，而是通过以代码来表示的智能合约来完成的。这种智能合约可能是某一个人或某一个组织编写制定的，一旦获得了参与者的共识，这个智能合约就不能再被修改。因此，DAO 的组织治理实际上也是去中心化的组织治理。再进一步，在无治理主体的情况下，我们该如何数字化表达这些 DAO 的参与者，以及如何数字化界定该项工作的主体？在组织治理的主体这个问题上，未来元宇宙将有更多、更大的从形式到内容上的改变。

● 组织治理客体的数字化

一项工作或业务要落地完成，通常需要将这项工作或任务落实到具体的组织机构或个人身上。组织机构最终也还是要将工作或任务落实到某一个或某几个人身上。一项工作或任务的开展必然是围绕着这项工作或任务的具体内容进行的。这些具体的人以及具体的工作或业务内容，就成为组织治理的客体。

某一个或某几个具体的人或组织机构的数字化问题，我们在上一小节进行了讨论。未来，在元宇宙世界中的个人、组织或机构的数字化表达方式肯定与目前的表达方式会有巨大差别,而且人、组织或机构的数字化表达会更加丰富、立体。

目前,大部分工作或业务的开展还需要具体的人来参与,但未来在元宇宙世界可能大部分工作或业务就不再需要人来参与了。这些本来由人来完成的工作,可能会更多地交给智能机器人,或干脆就是由代码来完成。如果这些智能机器人或代码,仅仅是对原来的人的工作的替代,那么对这些智能机器人或代码的组织治理可能还是以原来组织治理人的方式来进行。但是,如果工作或业务的流程在几乎完全数字化的环境下都发生了改变,很多工作将变成由很多个节点自发地以 DAO 的方式来完成,那么组织治理的客体无疑也将发生根本性改变。这时组织治理的客体就由原来具体的人或机构,变成了一个 DAO 型自治系统。

至于一项具体的工作或业务如何数字化,则需要结合其特点和属性展开。这项具体的工作或业务可能隶属于信息互联网的范畴,也可能隶属于消费互联网的范畴,还有可能隶属于产业互联网的范畴,甚至是除此之外的其他范畴。这些还有待数字化对人类现有生产生活的进一步渗透和覆盖,当然也有待数字技术对已经数字化的生产生活和数字生产生活的进一步拓展,也就是数字孪生、数字原生和虚实相生环节的内容。

● 组织治理规则

现实物理世界向元宇宙世界的转轨过程涉及的组织治理规则包括了以下几个方面的内容。

一是对已有的显性规则的数字化。这可能是组织治理规则数字化的最主要内容,也是主体内容。这其中也包括了目前区块链世界中以 DAO 的方式体现的规则,虽然对这些规则的认可、参与以及执行都是去中心化的。

二是对隐性规则的数字化。隐性规则本身就是隐藏在显性规则之下的,属于非正式规则,甚至有些还是拿不上台面的规则。但是,世界是普遍联系的,无论这些隐性规则是正义的还是非正义的,那些显性规则绝大部分都是建立在这些隐性规则之上的。当然,我们也难以通过人的认知,直接将这些隐性规则显性化。在人类社会几千年文明历史中,这些隐性规则在不同国家和地区都同样存在,很多隐性规则始终没能被显性化,究其原因主要有 3 个方面:一是因为这些规则虽然是大家共同默认的知识,但其只可意会不可言传,难以呈现为显性的规范化内容;二是因为这些隐性规则的数量确实过于庞大,而无法一一具象化;三是因为这些隐性规则很多都是地方的或局部的,每一个隐性规则都有其存在和发生的时空环境,如果换一个环境,这些规则本身可能就不存在了。

但是，隐性规则的存在确实是阻碍组织治理原则顺畅实施的重要因素。因此，这些隐性规则的数字化可能还需要依靠 AI 技术，通过那些显性规则来挖掘出这些隐性规则并将其数字化。通过持续不断地挖掘，从机器和人的角度不断扩展对隐性规则的认知深度和广度，才有可能使整个元宇宙的组织治理规则更加丰富和完整。

三是要兼顾各种不同的治理原则和规则。不同的主体和客体，面向不同的任务，基于不同的文化背景风俗习惯，必然会有不同的组织治理规则。人类文明社会已经存在了几千年，不同区域发展出了各自不同的治理规则，有些可以兼容，有些则难以兼容。元宇宙系统就更不可能以一套治理规则覆盖所有场景和业务环节。因此，在元宇宙中，治理的去中心与多中心化会并存，多中心治理与单一中心治理也会并存，只要相关联方在共同的场景和环节治理方面达成一致即可。

四是要实现组织治理规则调整的自动化和智能化。很多在传统的现实物理世界中存在的组织治理规则，可能在元宇宙的数字世界/数字化世界中就不存在了，或者需要进一步优化和调整。另外，在元宇宙建设早期，数字化覆盖范围还不够广泛，数字化对人类生活的渗透深度也极为有限，因此，这个阶段的很多组织治理规则可能还需要更多地兼顾到现实物理世界中的组织治理规则。但是，在元宇宙建设后期，整个世界几乎已经完成了全部的数字化建设任务，在这个过程中，背景因素的变化需要组织治理规则进行必要的优化和调整。当然，这也意味着系统要能够判断规则在不同外部约束条件下的适应程度。因此，这个主体就不可能是具体的人或机构，而只能是执行人或机构意志的人工智能代码了。

● 组织治理工具

元宇宙时代的组织治理工具应该既包括以代码形式体现、内含了高度智能的数字化合约或数字合约，也包括以国家强制力或社会舆论在内的线下的法律制度、风俗习惯。

谈到元宇宙时代的组织治理工具，我们一般会想到线上以数字方式体现的代码，但可能会淡忘或忽视线下包括国家意志和强制力或以民间社会舆论在内的传统治理工具。

随着数字技术的发展，以及数字化应用对各行各业的渗透程度的加深，很多传统线下的治理工具和治理手段也开始线上代码化。但是，依靠线上代码仅能仲裁和处置一部分或一些特定类别的冲突或纠纷，难以完成对全部冲突或纠纷的处置。因为即使数字技术对人类生活渗透程度再深、覆盖面再广，总会有一部分人的生活内容是不能全部被数字取代的，例如，除了必要的吃、穿、住、行之外，人们还需要必要的阅读、锻炼、交际，以及疾病治疗和生育。数字技术可以为这些任务的完成提供方法和工具，甚至是渠道，但没有办法完全取代这些任务本身。因此，涉及这些内容的矛盾或冲突，最终可能还是需要国家意志和强制力，以及民间舆论在内的传统工具作为最后的治理手段。

组织和治理的进化趋势

数字技术的迅猛发展和相关应用的大范围普及，让人类由几十年前的信息普遍不足快速进入信息超载时代。

在通信技术不发达的时代，信息普遍不足，人与人之间存在巨大的信息鸿沟。这种信息上的不对称表现在两个方面：一方面表现为一般性信息获取和占有上的不对称，通常情况下一个人难以获取其生活区域以外的信息，更多的信息是通过口口相传，最多是以报纸、广播或电视等渠道传播；另一方面表现为专业性信息获取能力上的不对称，建立在工业化大规模生产基础上的专业化分工，使得不同领域的人在专业知识储备上存在巨大的不对称，所谓"隔行如隔山"。

数字技术的发展，使得人人几乎可以随时随地发布任何类型的信息。借助当前的互联网技术，这些信息又可以瞬时传遍全球。但是，在信息过载或超载的年代，受限于人本身的时间精力，人与人之间的信息鸿沟可能还会进一步加大。

好在以人工智能为代表的数据/信息处理能力，使个体能够处理的数据/信息的数量远远超过其个人所能够直接阅读的信息数量以及能够亲自处理的数据数量。由此，在元宇宙时代，个体就获得了远超传统社会中个人的数据能力。这在信息获取、数据处理两个方面又减少了人与人之间的差距，也给了每个人更多的选择和主动。这就使得元宇宙时代的组织和治理方式必然将发生更加巨大且根本性的变化。

● **自治组织将成为主要的组织方式**

当一项任务的工作量或复杂程度超越了个体能力极限，人类就需要进行协同合作。又由于不同个体之间存在着巨大的信息不对称以及能力上的差异，便产生了组织，开始有了进一步的人类分工。人类分工又进一步拉大了人与人之间在信息获取和处理以及能力方面的差距。

但是，数字技术有可能在某一个维度上改变这种状态。数字技术将对所有主体进行数字化描述，并数字化表达每个主体包括信息获取能力、数据处理能力在内的更多维度上的能力和技能，再在更大范围内基于这些数据要素实施不同主体的连接和匹配，由此将带来更多传统组织的解体，更多新的组织诞生。只是这种新的组织更多是基于具体任务，以不同个体的自组织方式，也就是 DAO 的方式形成的。

传统的中心化组织和未来的完全去中心化自治组织，是人类组织方式的两个极端。中心化和去中心化两个指标的不同组合，会在从完全的中心化组织到完全的去中心化自治组织整个谱系中表达和刻画不同的组织类型。组织机构中心化和去中心化程度的不同，自然也会产生与之相匹配的治理结构和治理关系。

● **数字技术将成为组织和治理的主要工具**

在传统社会，去中心化的自治组织几乎无处不在，包括民间自发的借贷、农忙时的换工以及略微复杂一点的城市里的商会等。但是，受限于沟通交流以及协同合作工具的缺乏，这种去中心化的自治组织往往规模有限，难以横向扩展，一旦发生了横向扩展，原本去中心化的组织机构可能立刻就会转变成高度中心化的组织机构。此外，这类传统的去中心化组织机构内部的协同合作往往会局限在比较表层的事情上，难以向更深层次发展。

在元宇宙时代，更多的组织将通过更加复杂、功能更加丰富的线上数字化工具来构建，更多的治理也将通过线上数字化工具来开展和完成。这在广度和深度上无疑会远远超越传统的自发的去中心化组织。

从广度来看，以爱彼迎（Airbnb）为代表的租房模式，在一瞬间就扩展到了全世界。这在传统世界是不可想象的。从深度来看，以比特币挖矿为例，全世界的矿工在无人组织、无人协同、完全自发的情况下，曾经将这一行业的市值炒到了天上。这种合作的深度在以往的世界中也是完全难以想象的。

除了能够扩展协同合作的广度、深化协同合作的深度之外，数字化的治理无疑将极大地提升工作效率。这在目前的智慧城市建设中已经得到了较好体现。

因此，我们可以大体断定，在元宇宙时代，几乎所有组织最主要的治理方式都将是数字化的。

● **线上与线下组织治理将越来越统一**

线上治理虽然在协同合作的广度、深度和效率上都会有极大提升，但从治理的完整性、权威性以及治理的最后效力来看，未来元宇宙世界无论数字化程度有多高，恐怕都仍然要给线下治理保留一席之地，除非整个世界只剩下数字世界，而不存在现实物理世界。

即使未来元宇宙可以完美实现目前我们对元宇宙的一切设想，但人总还是需要吃饭、穿衣以及外出，而这些内容最终是无法完全依靠元宇宙的数字世界完成的。

因此，未来组织的治理方式必然是线上的组织治理和线下的组织治理的深度统一，不应该也不可能通过两套不同的治理工具，构建两个不同的治理模式，割裂出两个不同的世界。

组织和治理也是多层面的。经济发展和内容创作本身的数字化，已经包括一定的组织和治理的数字化了。尽管元宇宙时代的很多组织和治理是基于数字化的，大部分内容是基于有形的显性知识构建起来的，但必然还有一大部分组织和治理是无形的，是基于隐性知识组织起来的，就像传统社会里的组织和治理一样。因此，这一类隐形的并非基于合约的组织和治理如何数字化，是我们在元宇宙时代需要处理和完成的任务。

同时，元宇宙中的组织和治理更多是去中心化的，是基于大家自觉自愿的协同合作而构建的。中心化更多是决策的中心化。决策中心化的基础是工业化大生产以及从效率提升角度而实施的专业化分工。决策中心化要求一部分人专门负责收集情报，一部分人专门负责决策。数字技术使情报的收集、处理以及辅助决策更加普遍，由此分散决策将在极大程度上取代中心化决策。这种去中心化改造，不仅是在信息知识不对称、程度极大降低背景下的面向未来的动态问题，也是构建扁平化、快速响应的组织的内在需求。传统的强中心化组织在元宇宙时代更需要组织和治理的去中心化数字化转型。

7.3 组织和治理的进化逻辑及可能面临的问题

组织是治理的载体，治理是组织的方式和工作方法。元宇宙时代，组织和治理的转型至少包括了已有组织和治理的数字化转化、新的组织和治理方式的创造，以及原有组织和治理方式的再造。这个过程一定伴随原有组织的大量解体和消亡。

组织和治理的进化逻辑

元宇宙中人类生产生活内容和目标的改变，要求相应的组织和治理的目标、方式也要发生相应的改变。元宇宙中组织和治理的对象会更加丰富，组织和治理的进化既需要实现人类现有组织和治理方式的数字化，同时更需要已经数字化的组织和治理要素的自我演化和衍生。

●元宇宙中组织转型的背后逻辑

前面指出过,从狭义上讲,组织是人们为了实现一定的目标,互相协作结合而成的集体或团体,即组织是围绕特定目标的实现而构建的。目标变化了,组织必然要发生相应的改变。

元宇宙中人类生产生活目标的改变及相应组织的改变体现在以下3个方面。

第一,组织的数量会越来越多。在元宇宙中,人类将获得更大的活动空间,人类生产生活的目标也将更加丰富。为匹配人类越来越丰富的生产生活目标,元宇宙中的组织数量必然会越来越多。在传统农耕时代,交通工具、通信工具、生产工具都极不发达,人类生产生活范围也极为有限,因此,当时人类最主要的组织就是围绕农作物的种植构建的。到了工业化大生产时代,虽然交通工具、通信工具、生产工具都有了一定程度的进化,但与今天相比,人类生产生活范围还是受到了比较大的局限,而人类的最主要组织——工厂,就是围绕工业化大生产背景下的产品生产而构建的。到了信息化时代,交通工具、通信工具、生产工具已经相当先进,人类有了更多的选择,活动范围已经拓展到了全球,生产生活也向外扩展到了更多领域,人类开始拥有农耕种植、工业化生产之外的更多的生产生活目标,对应的组织数量也必然更多。在元宇宙时代,人类生产生活的范围还将得到进一步拓展,在地理空间的维度上有可能从地球拓展到太空。此外,在目前生产生活基础上,元宇宙还会演化和衍生出更多的人类生活内容,这也必然带来对应的组织数量的极大增长。

第二,组织的类型会越来越丰富。农耕时代和工业化大生产早期,大部分人的生活基本都聚焦于如何解决温饱问题。那个时代不但组织数量少,组织类型也相对单一,大部分组织是因为物质产品的生产需要而构建的。在物质产品生产以外,大部分家庭的生活停留在自给自足的低水平自我保障层次上,整个社会也就很少有物质产品生产以外的组织存在。到了工业化晚期以及当前的信息化时代,大部分人在温饱需求之外又有了更多的精神以及其他方面的需求。于是,很多非传统类型的组织自然就出现了,与这些组织内在属性相适应的组织方式也就跟着出现了。

第三,组织将进入到持续进化阶段。在元宇宙时代,人类生产生活的需求将有更多变化。这些变化会表现在以下3个方面:一是大量新需求的涌现;二是一部分原有需求的消失;三是大量原有需求内容的改变。一部分原有需求的消失,必然导致为满足原有需求而构建的组织的解体和消亡;大量新需求的涌现,则必然导致大量的新组织的出现;而大量原有需求内容的改变,将带来原有组织和组织方式的进化。如果说原有需求的消失和新需求的涌现都是组织发生根本性变化的背景，那么原有需求内容的变化则伴随组织的重生。

从人类生产生活的目标，也就是组织之所以存在的角度，我们从逻辑上推导出了元宇宙中组织的发展变化趋势和存在状态演变。由此，自然而然发生的，则是在传统时代仅仅隶属/附属于同一个组织的个体，在元宇宙时代，更多会同时隶属/附属于多个不同的组织，即实现了个体角色的多样性。技术的发展为个体的多方面能力的发挥，也就是个体角色的多样化提供了支撑，个体在向社会提出多方面需求的同时，也必然会在多个层面、多个维度上通过不同的组织为其他人提供多种服务。

在元宇宙时代，技术的加持使所有个体都具有了远超其祖先的多种能力，这会带来两个方面的改变。一方面，原来需要很多人协同合作才能完成的任务，现在可能只需要一个人，或者只需要很少几个人就可以完成了，由此必然会带来原有组织的重构，即一部分原有组织成员在新的组织中将不再被需要，同时这个组织可能还需要具有其他技能的新成员的加入。这因应了组织的持续进化。另一方面，为匹配更多新的目标和任务，更多主体需要主动协同合作，而这将促使海量的新的组织诞生。

● 元宇宙中主动和被动的组织和治理构建

按照元宇宙系统中组织和治理构建的方式，可以将元宇宙中组织和治理的数字化构建分为主动的数字化构建和被动的数字化构建两类。主动的数字化构建是指不同的主体根据各自的理解主动构建元宇宙系统中的数字化组织和数字化治理体系，并使这些数字化的组织和治理体系与现实物理世界中的组织和治理体系相关联。被动的数字化构建是指在人类主动构建元宇宙系统的组织和治理体系基础上，元宇宙中的不同系统和应用在人工智能系统的协助下，进一步演化和衍生出更加复杂、遍布元宇宙系统每一个环节的组织和治理内容。

人类主动构建的元宇宙中的组织和治理体系，是元宇宙中组织和治理体系得以建立的基础；而被动的元宇宙中组织和治理内容的生长和完善，是元宇宙系统中组织和治理得以丰富、发展和完善的必要环节，也将成为元宇宙中组织和治理内容建设的最主要形式。元宇宙中组织和治理体系的主动构建和被动衍生演化，是元宇宙系统中组织和治理体系构建的两个不可或缺的部分。主动构建的组织和治理内容，与被动的演化和衍生出来的组织和治理内容有机结合，构成了元宇宙中组织和治理的完整图景。

由于认知的先天局限，加之元宇宙系统的迅猛发展，人类不可能事先构建起对元宇宙中组织和治理的全部和正确的认知。人类对元宇宙中组织和治理的认知必然是一点一点构建起来的，这其中必然存在相当多的错误和局限。因此，由人类主动构建的元宇宙中的组织治理也是一点一点完成并逐步完善的。

元宇宙系统中组织和治理的被动构建，即元宇宙中组织和治理的演化和衍生，则是数字技术在人类授权范围内，对海量的组织构成要素进行数字化描述和表达之后，基于数字技术自身逻辑生成的新的组织体，以及基于数字逻辑生成的数字化组织构成要素之间的新的关联关系的建立。在此过程中，数字技术也会筛选出匹配元宇宙业务形态的组织和治理的规则和工具。

● 元宇宙中组织和治理数字化转型的 3 种方法

元宇宙系统构建最基本的 3 种方法分别是数字孪生、数字原生和虚实相生。目前，元宇宙系统还处于构建的极早期，在组织和治理领域元宇宙系统的主要构建方法还是数字孪生，即如何将目前现实物理世界中已经存在的组织和治理内容映射到数字世界。在元宇宙系统构建的中晚期，元宇宙一定会基于数字世界自身运行逻辑构建和演化出相应的组织和治理原则，也就是组织和治理的数字原生过程。这种数字世界的组织和治理原则还会与现实物理世界中的组织和治理原则发生作用，互相影响，也就是组织和治理领域的虚实相生过程。数字孪生、数字原生和虚实相生这 3 种组织和治理的数字化转型方法最终将形成元宇宙系统完整的组织和治理系统。

元宇宙系统中组织和治理领域的数字孪生过程，基本上属于主动构建范畴，需要由人主导来完成，或者在人的指挥下由机器来协助完成。组织和治理的数字原生过程则大部分属于被动的构建范畴，更多的是依靠人工智能系统，在已有的数字化的组织和治理基础上，通过数字世界特有的逻辑，并在人类给定的逻辑约束下自发完成。组织和治理领域的虚实相生过程，则既包括了主动构建过程，也包括了被动构建过程。

目前，我们还处于元宇宙系统中组织和治理的数字孪生阶段，即更多的是将现实物理世界中的组织形态和治理规则映射到元宇宙的数字世界中。这些已经数字化的组织和治理势必仍将与现实物理世界发生关联，但这种关联属于较浅层次的虚实相生，或者只是相互连接，而没有相生的融合。

此外，元宇宙系统中组织和治理逻辑的构建至少在两个层面上会与传统时代有根本性的差异。第一个层面，在传统时代，由于技术的不发达及技术应用的限制，组织一般情况下会被局限在一个相对固定的地理半径范围以内，但在元宇宙时代，大部分组织在数字技术的加持下都会打破地理边界的局限。第二个层面，传统时代的组织需要协同合作的对象基本都是人，而在元宇宙中，组织需要协同合作的对象可能已经不仅仅包括人，还包括更多的智能体，甚至是虚拟的代码构成的各种应用。

组织和治理进化可能面临的问题

组织和治理的发展一般要滞后于具体的应用场景的发展。元宇宙中大多数场景的数字化进程本身就具有较强的探索性,其间组织和治理的数字化进程,探索的意义和成分就更大一些。但是,正因为组织和治理工作的极其重要,我们无疑需要更加重视元宇宙中的组织和治理可能存在的问题,并提前做好相应的准备。

●新事物的组织和治理

在元宇宙中,大量的新事物一定会涌现。这些事物,有些是现实物理世界中的存在物通过数字孪生之后形成的数字化内容,在此基础上再经过综合、演化及衍生,变成了新事物。例如,区块链世界中的 Token,尽管有人在 2018 年前后就按功能将其分成了不同的类别,但技术及其应用的飞速发展已经远远超越了当时人们对 Token 做出的类别规范。目前,Token 已经从同质化通证(FT),衍生出了 NFT、SBT、SFT 等具有不同属性的多个类别。未来,随着人们对数字世界内容属性认知的深化,相信会有更多新类型的 Token 标准出台。

以上这些类别的 Token,有些可以直接套用现实生活中已经有的法律法规,包括其数字化形式进行治理。但是,更多类别的 Token 还需要新的法律法规进行规范。当然,规范的前提一定是以这种新型 Token 正确认知作为基础。

例如,我们是否可以将 Token 认定为货币?如果可以的话,那么 Token 与传统货币有哪些共性,又有哪些区别?这些共性和区别在治理层面又该如何区分?如果将其认定为证券,那么这种证券从发行到交易与传统的证券及其交易又存在哪些联系?哪一种治理才是有效的治理?

此外,在数字世界中,这些不同类别内容的组合远比现实物理世界中不同类别内容的组合来得容易。因此,这里面的创新空间更加巨大,与之相匹配的新的类别内容的组合对现有法律法规的挑战也会更大。

这些问题,都有待我们进行更深层次的理论上的探讨。在从传统的商品经济到当前的数字经济的转轨过程中,我们必然会面临理论上的诸多空白和解释上的诸多无奈。

●无主体业务组织中的治理

随着区块链的出现和发展,以及区块链在未来元宇宙世界中无可替代的作用的发挥,更多无主体驱动的业务将在元宇宙中大行其道。

区块链是一种去中心化、去第三方信任的信任解决方案。区块链系统中既没有中心机构,也没有信任授权,所有节点都各自为政。因此,原来建立在委托授权基础上的法律法规如何匹配这样一种新的业务形态,如何对其进行业务监管,都将成为元宇宙中我们必须直面的问题。

区块链系统内业务规则的建立主要基于共识,但这种共识从内容形成到共识建立过程是否符合法律法规规定,在哪些方面可以与现行法律法规共存,哪些方面有悖于现行法律法规,如何协调,目前全球尚无相关的法律制度、技术指引或行业标准出台。

当这些规则需要变化时,如区块链系统在发现漏洞需要技术升级时,该规则变化需要得到相关参与方的一致认可。但是,如果不同节点利益不一致,难以实现各自利益的平衡,这就有可能使谈判陷入僵局甚至导致谈判破裂,由此就有可能导致区块链系统分叉。在这方面现在并没有相关的法律法规对其进行规范,甚至在业界连大家都认可的解决方案的原则都还没有。

此外,去中心化的智能合约的出现给现行的治理体系带来了更大的挑战。现实生活中一般情况下合同关系比较清晰,且合同签订主体在达成共识后还可以对合同进行修改、废止和补充。但在智能合约中,合同条款以代码形式写入区块链的分布式账本后便直接生效,无法干预,甚至合约违反了相关治理规则也会被执行。智能合约因其自身特点和技术特性难以更改、不可撤销、自动执行,合约当事人既无法干预合约执行,更无法更改合约。

在传统带有中心化特征的业务中,数据安全与信息保护的法律责任主要由中心化的机构承担。区块链系统的去中心化特征导致没有类似的中心机构可以承担数据安全和信息保护的法律责任,所有的节点都是平等主体,并不存在具有维护数据安全或进行信息保护的专门责任和义务的特别节点。

虽然区块链应用的技术开发方对区块链系统负有技术维护和管理职责,但其管理职责也仅仅局限于对区块链系统的日常运营进行技术方面的维护,并不可能对区块链内的数据、信息等存储内容进行管理。要求技术开发机构对区块链上因非技术因素所出现的问题承担责任,无论是从理论上还是原则上都缺乏正当依据。

人们在现实生活中总会发生一些错误而导致个人利益受损。传统方式下,人们还有机会对这些错误进行修正,对受损的利益进行补偿。例如:银行卡密码被遗忘,按照规定流程可以重置密码;账户资金被盗,在一定情况下也可以追回。

但是,因为区块链系统上的数据不可篡改、业务流程不可逆,区块链系统上运行的业务变更或者数据修改、删除几乎不可能。区块链系统的用户私钥由参与者自己保管，除参与者自己外，无任何个人或者机构可以获悉。如果犯罪分子通过欺诈等方式获得了私钥，就可以对该参与者的账户进行任意操作，基于区块链的不可逆特点其操作也无法逆转。因此，在区块链系统下，受损的利益就无法追回了。

● 人在元宇宙中被边缘化的可能

虽然元宇宙系统是由人来构建的，其中的组织和治理的主体也主要是人，但是元宇宙系统高度的数字化，以及基于数字技术构建而带来的系统运转的自动化和智能化，会存在人在元宇宙系统中被边缘化的可能。因此，在元宇宙中，人的存在价值将成为一个格外尖锐的问题。

第八章
元宇宙数字化进化的困境和未来

与人类历史以往发展阶段不同的是，元宇宙几乎是完全建立在"数"这个底层要素基础之上的，"数"的逻辑成为元宇宙系统的主要构建逻辑，"数"的运行规则也将成为元宇宙系统的主要运行规则。因此，元宇宙系统的构建和运行需要新的技术哲学和治理哲学。元宇宙系统也使人类的生产生活有脱嵌于现实物理生活的可能。

元宇宙是技术发展到特定阶段后，人类对自身未来数字化生活/数字生活场景的乌托邦预设。元宇宙完成了对各种要素的数字化描述和表达，同时也实现了对各种要素关联关系的数字化描述和表达，进而基于数字逻辑对要素内外部各种关联关系进行了重新匹配，带来了各种事物和关系的解构和重构，以及新物种的再造。因此，尽管元宇宙的构建需要各种各样的技术加持，但数字技术在元宇宙的构建中发挥了至关重要、不可或缺的作用。

受认知和想象力的局限，人类对元宇宙的这种预设主要还是围绕人类在未来元宇宙中的生活场景展开，所以我们目前看到的未来人类与元宇宙的交互主流还是围绕虚拟现实（Virtual Reality，VR）、增强现实（Augmented Reality，AR）、混合现实（Mixed Reality，MR）和扩展现实（Extended Reality，XR）等技术而展开，很少看到反过来的现实虚拟（Realistic Vitality，RV）及相关技术的开发和应用，即如何将由数字技术完全虚拟出来的场景在现实物理世界落地实现，而不仅仅是通过数字技术映射反映现实。

由数字技术加持的各种部件可能也会具有一定程度的智能，但从技术保守主义的角度出发，我们不认为技术在未来的元宇宙中会完成自身的蜕变而成为完全的智能体。因此，基于所谓超级人工智能构建的元宇宙及其引发的各种可能变化，我们不作讨论。

8.1 元宇宙是人类历史发展的新纪元

尽管到目前为止元宇宙仍然是一种理论上的预设和想象，但元宇宙已然成为人类历史发展的新纪元。

这并不是毫无根据地拔高元宇宙，而是因为元宇宙代表了一种基于数字技术和数字逻辑而构建起来的完全不同于以往的新的生产生活方式。元宇宙系统构建的底层要素、构建逻辑以及运行规则都与以往社会完全不同，而且其对已有社会渗透之深、覆盖之广，也超越了以往所有技术所能达到的深度和广度。

"数"成为元宇宙系统构建的底层要素

传统农业社会是构建在农作物的土地种植基础上的。工业社会则基本上是围绕着商品的生产和交换而构建起来的。无论是农作物，还是用于交换的商品，都是"物"，具体体现在：都具有一定的稀缺性，即数量不可能无限多；在个体层面都具有唯一性，即每一个被种植出来的农作物或生产出来的商品都是唯一的；在使用上具有排他性和消耗性，即一旦这个"物"在特定时间被使用了，在相同的时间就不能再被其他人使用，而且很多"物"在被使用后，就不能再被使用，也就是这个"物"被消耗掉了。传统社会的构建和运行，总体上是建立在"物"的基础上的。

元宇宙是基于各种数字化内容和数字内容而构建起来的。除了目前我们看到的以数字形式表达的货币、所有权、身份等极少数数字化内容之外，大部分参与元宇宙系统构建的数据具有与土地、资本、劳动等传统生产要素完全不同的性质。土地、资本、劳动都具有唯一性，但数据不存在唯一性。土地、资本、劳动都具有稀缺性，数据可能也有稀缺问题，但数据的稀缺不是数量上的稀缺，而是对特定的应用来说的数据种类和内容上的匮乏。土地、资本、劳动在使用上具有排他性，但数据不存在使用上的排他性问题。土地、资本、劳动需要在使用过程中才能创造价值，但在使用和价值创造过程中，土地、资本和劳动会存在消耗的问题；数据也必须在使用和流转中才能实现价值，但数据不存在使用、流转和价值创造环节的消耗问题。

元宇宙中还有很多数字化内容是对现实物理世界中真实存在的"物"的数字化表达。虽然这些以数字形式表达的"物"具有稀缺性和唯一性，在使用上也具有排他性和消耗性，但这些数据可以在元宇宙中以非稀缺、非唯一、可共享、非消耗等特点参与元宇宙中其他不涉及真实的"物"的使用活动。由此就产生了元宇宙中另外一种兼具"物"和"数"双重特点的存在。

底层要素方面的差异，必然带来元宇宙时代完全不同于传统社会的构建逻辑。

"数"的逻辑成为元宇宙的主要构建逻辑

元宇宙是包括现实物理世界在内的统一的数字化世界。虽然在"物"的层面上，现实物理世界仍然会在原有基础上获得进一步发展，甚至是比以往历史上任何时候速度更快、规模更大的发展，但对比元宇宙中的数字世界的发展，无论是发展的速度、发展的规模还是发展带来的影响，两者都不是同一个层级上的。

传统社会的构建，总体上是以"物"为基础，基于"物"与"物"的关系、人与"物"的关系、人与人的关系构建起来的。"物"与"物"的关系是自然科学的范畴，人与"物"的关系是人类利用自然改造自然的过程，而人与人的关系则是社会科学的范畴。

元宇宙总体上是以"数"为基础，通过"数"与"数"的连接和匹配，完成了以"数"作为表达方式的"物"与"物"的关系、人与"物"的关系以及人与人的连接。自然科学的内容、人类利用自然改造自然的过程，以及人与人之间的关系，都变成了"数"与"数"之间的数字技术层面的关系。

机器对"数"的识别、定位更容易，搜寻成本更低，通过网络实现"数"与"数"的连接也更方便。这种连接不受"数"本身数量上的限制，即同一个"数"同时可以实现多个连接，而不像在传统的物理世界中，每一个"物"或人同一时间基本只能接受一次连接。由此，元宇宙系统在"数"的基础上，带来了与传统社会基于"物"的完全不同的构建方式。这种构建方式更加快捷、高效，也更方便跨越不同领域和层级，超越了地理甚至时间上的约束。

传统农业社会几千年生产力基本没有发生本质性的增长，生产关系也基本没有发生过本质性的变化。如果我们把传统农业社会的发展定义为常数级，那么传统工业社会的发展就是线性的，社会总财富会随着时间累积而获得相应的增长。但是，这种增长是有上限的，因为基于"物"的增长总要受到"物"本身的稀缺性的局限，"物"的使用还存在排他性和消耗性。虽然目前很多传统行业在迅速地进行数字化转型，但这种转型仍然要受到"物"本身固有属性的局限。元宇宙中数字世界的发展则是指数级的，因为元宇宙中数字世界的发展是建立在数据基础上的，而数据在数量上是不存在稀缺问题的，在使用上也不存在排他性和消耗性，对"数"的使用完全可以做到高并发和按需使用，并且随着"数"的使用频次的增加，"数"本身的数量还会进一步增加，进而可以创造出更大的价值。

"数"的运行规则成为元宇宙的主要运行规则

传统社会是围绕着商品或"物"的生产和交换，基于长期重复博弈而形成的风土人情、风俗习惯，包括通过沟通、协商建立起来的契约，以及以司法和行政等国家暴力机器为代表的国家强制力而构建起来的。在元宇宙系统的构建过程中，各个地区已经形成的风土人情、风俗习惯、契约关系、合作模式、法律法规、国家暴力机器，既是元宇宙系统构建过程中的数字孪生对象，是元宇宙系统构建的基础，也是元宇宙中的数字系统运行需要修正、调整甚至颠覆的对象。

元宇宙系统一定会同时存在和运行多套不同的规则。如图 8-1 所示。在这些规则中，一套规则会是以往社会形成的基于"物"的逻辑的运行规则和数字世界基于"数"的逻辑的运行规则的混搭。因为基于数字孪生技术而构建的元宇宙至少包括了两个完全不同的世界，一个是被数字孪生的现实物理世界，一个是数字孪生之后形成的元宇宙数字世界。现实物理世界需要基于"物"的逻辑的运行规则，而元宇宙中经数字孪生而生成的数字世界则既需要基于"数"的逻辑的运行规则，但又要受到其所代表的现实物理世界中的存在物的属性的影响，这类内容的运行既有"物"的逻辑的运行规则的约束和局限，也有部分"数"的逻辑的运行规则的属性。

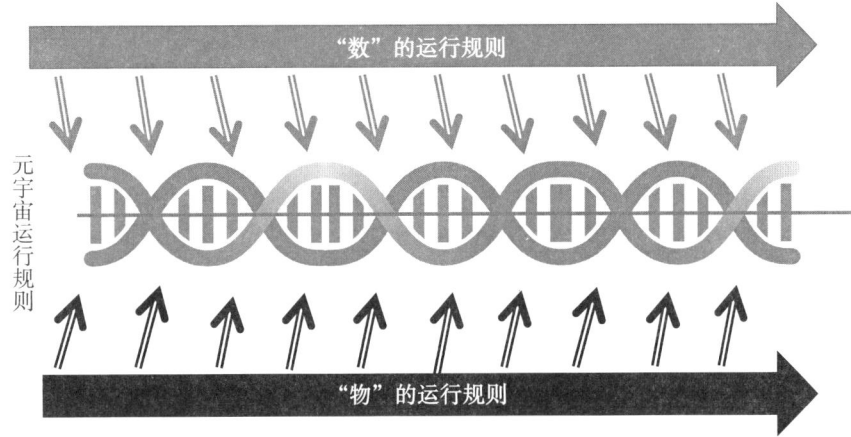

图 8-1　基于"数"和基于"物"的规则共同作用于元宇宙运行

另一套规则是在完全的数字世界中通过数字原生技术而实现的基于"数"的逻辑的运行规则。这一类规则有其自身的运行逻辑，基本不再受现实物理世界中"物"的逻辑的运行规则约束。

第三套规则主要是由虚实相生技术而关联的现实物理世界中的"物"的逻辑运行规则和数字世界中的"数"的逻辑运行规则的相互作用而形成的规则。这一大类内容的运行逻辑既有"物"的逻辑，也有"数"的逻辑，同时两者还会发生相互关联、相互作用，并在运行过程中发生深刻的运行规则的调整和适应。

一方面，不同逻辑的运行规则会因为需要面对和处理的问题的特点特性以及问题所在的环境不同，而在元宇宙世界中并行不悖。另一方面，这些规则也会发生尖锐的冲突和矛盾。因为这几套规则存在的依据和其背后的运行原则并不相同，几套不同规则的生成演化路径也不相同，关联内容也不相同，尤其是基于"数"的原则和基于"物"的原则在交叉融合时会发生非常尖锐的矛盾和冲突。这些矛盾和冲突在本质上是元宇宙时代数字、数据等底层要素特征相对应的技术逻辑和治理哲学，与传统的组织治理原则的矛盾和冲突。传统社会已有的技术和治理哲学，由于其底层构建基础的不同，已经无法指导元宇宙系统的构建和运行。

即使是完全的基于"数"的逻辑而形成的规则，也会由于业务系统的特有属性而有所不同，这就类似基于"物"的逻辑的运行规则中我们会区分出大陆法系和海洋法系一样。在不同规则和原则发生关联的时候，不同规则和原则之间的矛盾和冲突一定会出现。这种矛盾和冲突在元宇宙世界中是不可避免的，因为元宇宙中数字内容连接和匹配的成本将远远小于现实物理世界中的"物"与"物"或"物"与人的连接成本，受到的约束也将远远小于现实物理世界中的"物"与"物"或"物"与人的连接和匹配受到的约束。现实物理世界中地理区位和国家主权已经在很大程度上减弱了跨区域、跨主权的"物"与"物"、"物"与人的连接，但大陆法系和海洋法系还会在跨区域、跨主权连接中相遇，又何况是在元宇宙世界中呢？

其实，这些矛盾和冲突并不是在元宇宙中才开始呈现。相应的矛盾和冲突在数字化社会刚刚萌芽的时候就已经出现了，只是由于它刚刚出现的时候还不是特别尖锐，影响面也比较小，因而被局限在某一些特定的层面和领域内，没有扩散开来。例如，在工业化社会早期，当经理人和专家顾问开始出现，社会需要为个人经验付费的时候，以及当管理学出现，社会需要为知识付费的时候，这种矛盾和冲突就已经出现了。因为个人经验、知识都不具有使用上的排他性和消耗性。当数字化转型历经从信息互联网、消费互联网到产业互联网，当数据开始成为生产要素的时候，这种矛盾和冲突就比较尖锐了。因为这些内容基本都是建立在数字和数据的基础上的，而这些数字和数据都不是稀缺和唯一的，使用上也不是排他的和消耗的。

元宇宙系统的构建过程是数字技术从当前的数字经济向数字化社会的全方位扩展和渗透的过程。数字化社会无论是其内涵的价值创造方式、还是生产要素贡献的分配原则，以及人类的组织治理方式，都将发生根本性的改变，人类生活空间也将得到极大拓展。这种拓展既包括人类生活内容维度上的拓展，也包括人类生活地理半径上的拓展，甚至还可能包括人类生活时间维度上的拓展。也就是说，在元宇宙中，人类可能实现与先贤对话，也可能穿越到几百年甚至几千年以后看一眼未来世界的模样，尽管这个未来世界也是数字技术基于自身逻辑而计算出来的。

因此，底层构建要素上的根本性区别、构建逻辑上的根本性区别以及运行规则上的根本性区别，必然使元宇宙系统的构建和运行与传统的现实物理世界有截然不同的表现。元宇宙系统构建和运行过程中所吸纳的人类全部技术成果和智慧结晶，以及这些技术成果对人类生产生活的渗透和元宇宙应用的推广，从意义上来看堪比人类历史上的青铜器、蒸汽机、电以及互联网，但其覆盖的规模和影响要远远大于上面几个划时代的发明。由此，基于"数"的基础上构建的元宇宙是人类历史发展的一个新纪元，而不是原有传统现实物理世界的延续，更不是人为臆造出来的可有可无的一个名词。

8.2 元宇宙系统呼唤新的技术哲学和治理哲学

元宇宙将人类从传统的以"物"为基础构建的世界，带入了全新的以"数"为基础构建的世界。鉴于"数"的性质和"物"的性质的本质区别，以及由此带来的基于"数"的逻辑的运行规则和基于"物"的逻辑的运行规则的根本区别，我们已经没有办法再用传统的基于"物"的逻辑构建起来的一整套技术哲学和治理哲学来指引元宇宙系统的建设了，而必须尽快创建出一套与元宇宙时代基于"数"的性质和基于"数"的逻辑的运行规则相匹配的技术哲学和治理哲学。

元宇宙的构建过程推动人类变革的，首先是一场全面而深刻的认知革命。在传统的从以"物"为基础的社会构建，向以"数"为基础的元宇宙社会的构建过程中，人类必须全面突破已经形成的根深蒂固的思维方式和认知方式，以全新的技术哲学和治理哲学来思考元宇宙、认识元宇宙、理解元宇宙，这样才有可能真正看清元宇宙的数字化进化实质，明晰未来元宇宙系统运行的内在逻辑。

与元宇宙系统构建和运行相匹配的技术哲学和治理哲学，必然是建立在对"数"的基本属性的深刻认知基础上的，也是建立在对与"数"相关的技术本质和技术的快速发展之上的，更是建立在对以"数"为基本要素的组织方式和组织形态洞察基础之上的。与之相对应的多学科视角、交叉学科视角、边缘学科视角，在元宇宙系统的构建和预设中更是不可或缺的。

更加全面的技术组合和涌现

元宇宙系统从来不可能依靠单一技术就能构建起来，甚至也不可能仅仅依靠数字技术就能构建起来。元宇宙系统的构建需要依靠人类迄今为止所有已经发明创造出来的技术，就连在元宇宙系统构建过程中最新被发明创造出来的技术也是需要的。而且，这些技术中的每一项技术也不是单独发挥作用，而是所有技术及这些技术的作用对象以一种极其复杂的方式共同发挥作用，这样才有可能完成元宇宙系统的构建。

元宇宙中的多种技术，有些可能像物理元器件一样，在各自应该发挥作用的层次和位置，按照各自功能，以积木或线性叠加的方式，共同组建为一个具有多种功能的新的系统、物种或者组织机构。当然，这些技术也有可能像化学反应中的元素一样，一旦融合，这些技术就会发展为一种新的技术体系，带来完全不同的功能。涌现就是对这种现象的一个总结。

● 元宇宙中技术的涌现现象

涌现是一种非常普遍的自然现象。1923年，英国心理学家、生物学家和哲学家康韦·劳埃德·摩根（Conway Lloyd Morgan）在其《涌现式的进化》一书中写道，"涌现——尽管看上去多少都有点跃进（跳跃）——最佳诠释是它是事件发展过程中方向上的质变，是关键的转折点。"我们通常讲的涌现，是一种从低层次到高层次的过渡，是在微观主体进化的基础上，宏观系统在性能和机构上的突变。涌现可以从旧的事物中产生新的事物。

涌现理念奠基人、复杂适应系统理论提出者、美国圣塔菲研究所核心成员约翰·霍兰（John Holland）说："涌现现象是以相互作用为中心的，它比单个行为的简单累加要复杂得多。"同时，涌现性告诉我们，一旦把系统整体分解成为它的组成部分，这些特性也就不复存在了。

目前，元宇宙系统中的涌现主要是技术层面的涌现。但是，技术涌现现象的闸门一旦打开将势不可挡。目前，在数字技术的发展基础上演化出来的典型涌现现象——区块链，就已经为未来的数字世界带来了相当多的新元素、新产品和新服务，并带来了组织方式的革命性变革。当然，这一切都是建立在"数"的基础上，或与"数"直接相关的技术基础上，而不是建立在传统的"物"的基础上的。

尽管包括区块链专家在内的很多人都爱说"区块链技术"，但实际上区块链并不是一种技术，而是一种技术组合。在中本聪发布的《比特币：一种点到点的电子现金系统》的白皮书，以及中本聪自己开发的比特币系统中，都不存在一种被称为"区块链技术"的技术。区块链是一种包括了很多已有成熟技术的技术组合和技术应用，除非我们把这种技术的组合方式也称为"技术"，我们才可以称之为区块链技术。但是，这些已有的成熟的技术按照区块链这样一种特殊的技术组合方式，就生成了原来所有单一技术都不具有的一些技术上的特点和特性。

区块链系统综合运用了密码学中的非对称密码、哈希函数、计算机网络中的P2P系统、博弈理论中的共识机制等多个学科专业领域中的技术和知识，在不可信的网络环境下基于不可信主体和不可信的部件，通过大量资源的消耗，为我们构造了一个去中心化的去信任网络。这就是一种典型的技术涌现现象。

比特币系统，包括后来的其他区块链系统的技术组合方式，应该说在历史上还没有完整地出现过。因此，当我们从单纯的技术或技术创新视角去审视比特币或其他区块链系统的时候，经常会不知其所以然。

以技术的涌现方式所构造的区块链系统，为我们拓展了一个极为广阔的全新数字空间。在区块链系统出现以前，如果对任何信息的真伪存疑，我们只能通过这个系统的承建方去核实，或者通过一个现实世界中可靠的第三方去帮我们核实信息的真伪。但是，如果我们对系统的承建方不信任呢？再进一步，如果现实世界中所谓可靠的第三方也不可信呢？正是区块链这种涌现出来的技术结构组合，在数字世界中率先提供了在去中心情况下的信任建立和维护的解决方案。

当前，Web 3.0——一场构建于区块链上的全新的革命性的去中心化实验，正在数字世界蓬勃展开。在区块链系统的去中心化信任解决方案基础之上，人们构建出了可以对应现实物理世界中包括货币在内的大宗商品的同质化通证（FT）、具有唯一性且具有不可拆分性质的存在物的非同质化通证（NFT）、数量有限但都具有相同品质的存在物的半匀质化通证（SFT），以及可以在数字世界中对应每个人身份的灵魂绑定通证（SBT）。在此基础之上，人们还构建出了更多更加复杂的去中心化应用，包括去中心化金融（DeFi）、内含经济激励的去中心化游戏 GameFi、内含经济激励的去中心化社交 SocialFi……并在此基础上演化出了 X2Earn 的商业模式，构建了更加多样的应用场景。

区块链从一开始的单一一个区块链系统比特币，演化到目前多种类型、多种构架的多个区块链系统并行，并开始向多链宇宙方向发展和演变。区块链世界构建出的 FT、NFT、SFT 和 SBT 等基础性要素，以及基于这些基础性要素演化和衍生出来的内容体系，正在成为元宇宙系统构建的最核心内容。目前，学界和业界已经基本达成一致，认为未来的元宇宙系统大概率会构建在区块链系统之上。基于数字孪生、虚实相生和数字原生技术，FT、NFT、SFT 和 SBT 等基础性要素将成为现实物理世界中的相关元素和元宇宙世界中相关要素的关联桥梁，区块链系统所具备的在去中心化的非信任环境下构建可信关系的能力，也将成为未来元宇宙系统业务扩展的最关键能力。

区块链这种技术的涌现现象，为人类的数字化生产生活扩展出了异常广阔的发展前景、巨大的想象空间以及无穷的发展潜力。未来，元宇宙世界还将有更多的技术以涌现的方式被组织在一起，把我们带到我们目前尚无法预测的更加广阔的数字空间。

● 海量新产品和服务的涌现

基于多种技术的组合而衍生的最具典型性的产品，可能就是智能手机了。

当史蒂夫·乔布斯（Steve Jobs）将传统 PC 机的操作系统改造为适用移动手机端的操作系统，把传统 PC 机上的各种软件改造为手机上可以运行的应用，并以友好的用户界面和超级人性的设计与传统的移动电话组合在一起的时候，一个新的时代就开启了。

如果说在乔布斯时代，智能手机还有可能被当作手机来看待的话，那么经过这十余年的发展，智能手机或者说智能手机上的一部分功能已经在不知不觉间取代了很多传统电子设备，如 MP3、收音机、照相机等。目前，绝大多数人手里的智能手机已经被定位为互联网设备，而不再是传统意义上的电信设备了。智能手机上涌现出来的各种创新应用，已经在某种程度上让智能手机取代甚至超越了传统的台式机，成为人们生活和工作最主要的渠道和载体，并且由于其便携性，智能手机也开启了一个被称作移动互联网的时代。

智能手机在系统结构方面确实面临一些新的硬件设计上的难题，如手机内部各种器件的尺寸限制、每个器件在规定尺寸内的功能实现方式以及多个器件在手机内部狭小空间里的散热等。但是，无论是在应用软件的开发难度上，还是从应用软件展现出来的功能来看，尽管智能手机与传统台式机有一定的区别，但并没有本质上的差异。也正是这些看起来没有多少本质性的差异和创新，与智能手机本身的便携性相结合，就一下子改变了人们的生产和生活方式。

基于智能手机衍生出来的各种创新服务种类全、数量多，影响也更加深刻和全面。以打车软件为例，它集成了北斗卫星导航系统、全球定位系统（GPS）或其他定位系统，完成了城市地图的数字测绘，利用电信服务商提供的电信服务，基于手机上传的实时数据，在后台数据库完成了对城市拥堵情况的实时智能判断，并基于人工智能计算高效地给出了最佳的出行方案。当然，打车软件的后台系统还需要完成对用户、司机的状态更新以及与相应的银行支付系统的对接。这些功能被有机地集成在一起，才能成为一个完整可用的打车软件。如果打车软件服务商不集成这些服务或应用，我们就很难依靠自己一个人在短时间内快速完成所有这些流程和环节上的操作。

那么，在接下来的元宇宙世界，目前独立使用的每一个软件或应用，有没有可能被一套新的系统所整合，进而成为一个功能更加齐全、性能更加卓越的人类生活伴侣呢？这需要我们进一步探索。

● 技术赋能带来的组织机构新特点

技术与组织机构的结合和融合，尤其是数字技术与传统组织机构的结合和融合，会带来很多新型组织机构的涌现，至少会使原有的组织机构涌现出很多新的特点。当前，这方面最有代表性的组织机构的创新可能就是 Web 3.0 世界中的去中心化自治组织（DAO）了。

DAO 本不是一个新鲜事物，人类大部分微观层面的业务从古至今都是通过去中心化自治的方式实现的。只有在进入工业化大规模生产以后，人类的生产、组织、治理等很多活动才更多以自上而下的中心化方式开展。但是，包括区块链在内的一系列数字技术或技术结构体的出现，带来了去中心化自治组织的再次盛行。

例如，比特币矿工基于 POW 共识机制的挖矿活动。因为相信一种共识机制，在没有人组织的情况下，全球如此多的人自己购买矿机，以全球一致的步伐统一参与一种活动，这在以前是不可想象的。这些矿工的挖矿活动没有人组织和协调，矿工中也不存在我们传统意义的行业协会等自治机构或自治组织，但全球成千上万的人或组织机构在以代码表达的共识机制的作用下，有条不紊地让比特币系统运行了十几年，并极有可能继续以这种方式运行下去。包括刚刚结束 POW 共识转入 POS 共识的以太坊，也是在全球矿工无人协调却步调一致的挖矿活动下被集体运行和共同维护了好几年。因此，我们有理由相信，这种以去中心化自治方式形成的秩序仍会继续下去。

这些矿工参与挖矿活动都是为了各自的利益。他们每个人通过提高自己的算力，尽可能多地争夺系统释放的固定份额的虚拟数字货币，这本质上是一场零和博弈。另一方面，这些矿工的参与又扩大了该类虚拟数字货币的共识，在市场上提高了该类虚拟数字货币的价格和市场份额。

尽管去中心化自治组织不是新鲜事物，但当前的 DAO 在技术的赋能下，其组织规模、组织跨越的空间距离、组织运行的秩序和效率都已经达到了相当惊人的程度。前几年，中欧商学院教授龚焱针对区块链的出现可能带来的组织上的演变写了《公司制的黄昏》一书，火爆一时。

当前，DAO 在技术手段、组织方式等方面尽管还有这样那样的不完善，存在各种各样的问题，但 DAO 已经成为当前 Web 3.0 领域中一种极其主流和政治正确的工作和治理模式。某些比较先进和完善的 DAO 已经做到了 7×24 小时全球覆盖，业务开展完全自治自发。

尽管去中心化自治组织不是新鲜事物，但技术发展给这种去中心化的分布式组织赋予了新的属性，为其业务组织和协同合作赋予了新的能力。当前的去中心化自治组织早已不是几千年以前农业社会的基层自治或底层人民的自助了，也不是工业社会中底层人士基于市场交换原则构建的小范围自发的简单业务协调。可以说，当前的去中心化自治组织已经不是几千年以前的去中心化自治组织，而成为数字时代一种主流的业务协同合作方式。

去中心化自治组织的再次盛行，是技术赋能在组织治理层面带来的最新的涌现现象。这种涌现现象之所以出现，更深层次上还是因为技术发展和技术的广泛应用带来了社会结构和社会结构支撑性力量的变化。因为社会结构的支撑性力量发生了改变，所以当前的社会就与以往的社会在结构上产生了很多方面的差别，进而带来业务组织方式的调整和改变。

那么，传统的强中心化治理机构，如军队，要不要实行去中心化自治方式的改造？军队这一类传统的强中心化机构，其中心机构权威足够，但运行成本高、决策慢、效率低。即使配备超级计算机，军队总部也难以在极短时间内有效处理海量的战场信息和数据。军队的决策级别越高，就越没有办法关注到每一个战场细节。同时，在战场上通过各种数据终端获取和传输的信息和数据真伪难辨，战场态势又瞬息万变，因此，军队需要更多的分散自主性决策。

数字技术的发展和应用，使原来在信息不发达、不对称基础上依靠指令驱动的业务开展方式，已经在某种程度上变为了基于数据和通信能力驱动的去中心化的业务开展方式。随着数字技术的进一步发展和运用，基于通信能力保障实现的数据驱动和效率驱动的去中心化业务组织方式也将越来越普遍。

与外部技术条件变化相匹配的更加灵活的业务单元的自治组织耦合与解耦也将越来越普遍。以数据驱动的业务单元的自组织能力将越来越强，效率越来越高，业务组织管理的去中心化程度也将越来越高。

传统的中心化机构改造得以实现的前提，一定是该中心化机构内外部的某些条件发生了根本性变化，因此内部的组织结构和组织形态也需要做出相应的调整。如果没有内外部条件的根本性变化，就贸然去调整和改造现有的组织管理结构，即使这种调整和改造暂时成功了，不久的将来还是必然要恢复到原来的系统状态。要研究如何去中心化，首先要研究清楚以下问题：原来的中心是怎么来的；在哪些条件和环境变化后，原来的哪些中心化机构和组织会失去其存在的支撑性力量；在什么时间和哪些环节，通过哪些力量动员和技术工具的使用，可以去掉哪些中心；去掉这些中心之后的组织形态，是否与该系统外部和内部环境条件相匹配。

在数字经济、数字化治理等多种数字化场景下，每个业务主体或业务单元所能调动和协调的资源，较以往历史上同类型、同级别组织所能调动和协调的资源要多得多。为保障这种能力的正确使用，就需要投入相较原来更多的技术和组织资源，以确保信息的准确和在无中心、弱中心以及多中心情况下的数据、信息、身份可验证。由此，元宇宙系统背景下的强中心化机构要不要利用区块链做去中心化改造，就绝不是一个仅仅着眼于当前的组织机构建设或系统业务流程改造的静态问题，更需要放在数字迁移、数字孪生和数字化转型的大背景下去思考。

高阶的中心化和更高阶的去中心化

关于比特币的白皮书之所以在2008年被发布出来，据说在政治和意识形态层面是因为中本聪等一群持无政府主义立场的技术极客，对以美联储为代表的传统的中心化机构的不满。2008年，全球爆发了金融危机。在这群技术极客看来，金融危机之所以爆发，是因为美联储这类中心化机构的不当操作，更深层的原因是美联储这类中心化机构本来就不应该存在。在金融危机爆发之后，以美联储为代表的各国央行对经济的救助采取了量化宽松，也就是通货膨胀的方式，由此给各国底层人民的生活带来了更加深重的灾难。在这样的背景下，中本聪等发明出了比特币这种去中心化、点到点的电子现象支付系统。

在比特币被发明之后，区块链及相关的去中心化应用，以及前面我们提到的去中心化自治组织（DAO）开始大行其道。这类去中心化基础设施和应用现在已经被统称为 Web 3.0。Web 3.0 不但要实现更加彻底的去中心化，而且声称要从技术上确保个人数据所有权，实现数据权属和收益的还权与民。

元宇宙及相关技术能够在一定程度上支撑这种去中心化自治组织的建立，实现其去中心化治理。但是，我们也要看到，去中心化自治组织无论是在数量方面，还是在组织治理能力方面，都不足以完全取代传统的中心化业务组织。如果我们看待传统的中心化组织机构不是单纯用自上而下的固定视角，而是基于效率和专业化分工的视角，就可以发现，大部分中心化机构之所以能够出现并能够几百年维持住这种机制，其背后存在一系列技术上、效率上以及更深层次的原因。

例如，即使我们所有人都接受过完整的大学教育，同时每个国家的法律条文、司法解释、案例判决也都向社会公开，但在遇到法律相关问题的时候，我们还是需要找律师咨询，甚至请律师代为办理相关案件。因为无论是当前，还是在未来的元宇宙世界，很多业务都需要更加专业化的技能。无论数字技术如何发达，AI 赋予人类的能力有多强，不同的人以及机构还是会存在某些维度上的能力差异。组织、管理、沟通、协调，本来就是一种专业能力，虽然这种能力的运用经常会伴随资源的调整和利益的分配。

如果我们去除意识形态上的偏见，中心化组织或中心化治理实际上是基于效率等因素，建立在专业能力的差异基础之上的。因为社会或业务发展需要专业化分工，这才有了专门的管理层和执行层。如果社会发展仍然需要进一步提升效率，那么中心化组织和中心化治理方式仍将继续存在下去。当然，其存在的方式在技术的支撑下可能会有新的表现形式和运作方式。

因此，未来的世界仍将是中心化组织和中心化机构以及去中心化自治组织并存的世界。我在《回归常识——高博士区块链观察》一书中就已经指出，人类社会从来不存在完全的中心化，也不存在完全的去中心化，而是两者并存。但是，在技术的加持下，中心化和去中心化两种组织治理方式和存在形态都将发生根本性的改变,而不会仍然是当前的中心化组织模式和治理方式。目前,去中心化组织形态及其治理方式仍然在快速发生各种革命性变化,并时时面临剧烈调整的可能,其最终的组织形态和运行方式远未得到清晰呈现。

数字社会的技术哲学和治理哲学

元宇宙是一个完全的数字化世界,所有的内容都将以数字的形式呈现和表达,包括对现实物理世界中各种事物的描述和表达,对各种数字内容本身的描述和表达,以及各元素之间或紧密或宽松的关联、各种事物之间关联关系外在或内在的各种或实或虚的约束条件。在此基础之上,相同种类或不同种类的"数"与"数"之间还会发生复杂的演化和衍生现象,从而构造出远比我们目前现实物理世界更加复杂而丰富的元宇宙数字世界。

● 对"数"的认知尚处于混沌状态

首先,当前我们基本上把所有的"数"都作为一个整体对待,而没有进一步分析不同类别的"数"的内在含义以及每个类别的"数"的关键属性。尤其是在数据要素概念提出之后,我们将所有数据都作为生产要素来对待,而没有对哪些数据可以成为生产要素,哪些数据不能作为生产要素进行相应的分析和分类,由此带来了理论上和实践上的一系列困惑。

其次,人类对"数"的认知也会有多个不同的角度,而从不同的角度看待和分析"数",也会产生不同的认知结果。例如上面提到的,当我们从对事物进行数字化描述和表达的角度,从构建数字关联关系的角度,以及从基于数字构建各种约束条件的角度,我们所看到的"数"的形态以及"数"的相关属性就是完全不同的。目前我们提到的作为生产要素的数据,大概率不是我们每个人的身份数据和各种事物的所有权数据,而是能够参与数字化生产/数字生产并带来价值创造也必须参与价值分配的那些数据。

● Web 3.0 带来的数据所有权革命

当前在数据所有权领域最热门的一个词可能就是"Web 3.0"了。

Web 本身是建立在互联网上的一种网络服务,为浏览者在互联网上查找和浏览信息提供了图形化的、易于访问的界面。其中的文档及超级链接将互联网上的信息节点组织成为一个互为关联的网络。Web 本质上是互联网上一种基于超文本和 HTTP 协议、全球性、动态交互且可跨平台的分布式图形信息系统。

很多 Web 2.0 时代的大公司和大平台在移动互联网的浪潮中诞生。但是,这些大公司或大平台通过为用户提供服务，无偿获取了用户提供的海量数据，并基于这些数据，在为用户提供更好服务的同时，自己占有了这些数据带来的进一步收益。在这种背景下，打着"还数据所有权和收益权于用户"旗帜的 Web 3.0 横空出世。

在 Web 2.0 时代，这些大公司或大平台所占有的数据肯定是数据生产要素。但是，这些数据到底该归谁所有，至今在学理上远没有梳理清楚。例如，患者到医院通过各种设备进行检查，产出了一批医疗数据，那么这批医疗数据的所有权是谁？是患者，还是医院，或者是医疗设备商？这批数据是关于这个患者的，却是通过医院所有的医疗设备产生出来的，缺少其中任何一个角色这批数据就不可能产生。由此可以看出，数据的所有权问题远不是那么清楚。如果我们在学理上连数据的所有权问题都没有研究清楚，后面的数据交易、定价，以及价值创造和价值分配，就更是一团乱麻了。

虽然 Web 3.0 更多的是一种美好的愿景，目前基于技术手段也远未解决作为生产要素的数据确权问题，但一些特殊的数据在区块链世界中确实已经解决了确权问题，例如，从 2009 年比特币系统推出时就被创造出来的虚拟数字货币。虚拟数字货币是一种在一定范围内流通且得到公认的有价资产，是以完全的数字的形式进行描述和表达的。基于区块链，人类第一次以去中心化的方式实现了这类数字资产的所有权确权，同时完成了这类数字资产的发行、流通、支付以及销毁的全程去中心化实施和验证。这就使得这种数字资产有可能成为未来元宇宙世界中的资产表达形式。

区块链系统还创造出了 NFT、SFT、SBT 等与多种不同类别事物相对应且实现了确权的事物的数字化表达方式。NFT 对应的是具有唯一性且不可拆分的内容的数字所有权；SFT 对应的是具有固定数量上限，同时又都具有相同属性的每个事物的个体存在；SBT 被称为灵魂绑定通证，对应的是每一个人在未来元宇宙世界中独一无二且不可转让的数字化身份。

●**数据生产要素的确权、流转和定价**

数据按参与生产并提供服务的存在形态，大体可分为原始数据、初级数据、高级数据和服务数据等 4 类。

原始数据是指通过传感器等设备或社交网络等系统直接获取的非格式化数据。这类数据属于大数据范畴，数据量大，类型多，单位数据价值密度低，流转快。这些特点使非数据拥有者通过盗取个别数据进而汇总构建总体数据既无必要，也不可能。

这里的初级数据，是指完成了清洗之后的数据。数据清洗环节去除了可能涉及个人隐私以及国家安全等相关内容的数据。高级数据是指对清洗后的数据进行某种加工，从而使这些数据更适合针对某些特定需求，可以作为生产要素直接投入生产，并产生效益。

服务数据是指利用算法或模型，通过对已有数据的查询或计算而生成的满足特定需求的数据查询或计算结果。服务数据直接针对某种特定需求，以服务的方式提供数据运算结果，一般情况下直接针对消费终端，基本不会进入生产环节。因此，一般意义上服务数据也就不是生产要素了。

无论是原始数据、初级数据，还是高级数据，要使这些数据作为生产要素参与生产并产生价值，无疑需要进一步的数据分析和处理能力。

尽管数据价值的充分发挥需要更多维度、更多层次数据的连接和相互作用，以及相关数据与现实物理内容的结合，但无论是数据的连接和相互作用，还是数据与现实物理内容的结合，都需要基于特定的连接和匹配关系，而不是无论什么类别的数据以及现实物理内容都能够彼此连接和匹配。这就需要特定的行业领域知识。也就是说，本就是一种专业能力的数据能力，必然还要与特定的场景和业务特征绑定，成为特定领域内的一种专业能力。在任何时候，既具备数据分析和处理能力，又具备特定的行业和领域知识的机构，永远是少数。这就意味着，如果数据作为生产要素进入市场交易，无论是数据的供给还是数据的需求，都将是多层次且小众的市场，而不是一般情况下我们认为的充分竞争市场。

现实生活中，无论是大宗商品，如黄金、白银，还是中小宗商品，如花生、生姜，因为其使用上的排他性和消耗性，都可以通过交易确定其边际价格。即使如古玩字画这种数量极其稀少的物品，难以通过充分的市场交易确定其边际价格，但其在占有上具有排他性，同时该物品的再生产边际成本极高，也就使得这类物品还是可以通过市场交易获得对应的价格。但是，数据所具有的非消耗、可共享、边际成本为零等特性，使数据在交易和使用环节上与普通商品存在巨大的差别。因此，普通商品的交易方式在数据市场难以走通。此外，数据在不同的场景，经由不同机构进行加工和处理，也会产生收益上的巨大差异。这也使得传统商品或服务的定价方式在数据领域难以实现。

数据作为生产要素的交易和价值发挥，不能仅仅关注交易这一个环节，还必须关注数据作为生产要素在交易后价值生成的过程和可能。数据价值的发挥，不是通过一次性的交易交割就完成的，更多是通过数据的长期累积不断丰富以及数据在特定应用场景下的价值挖掘和价值挖掘方式校正，才能得到最优解。因此，商品或服务的交易方式可能并不是数据交易最理想和最有效的方式。

在数据从被采集成为原始数据，到被作为生产要素参与生产并创造价值的全过程中，数据供给端到需求端的真正可交易对象少，不同场景下数据的使用方式及创造的价值差异大，数据价值和效益发挥流程长。因此，数据交易的上下游机构更有可能成为一种紧密绑定的长期的利益共生关系，而不是像在商品交易领域看到的全方位的市场交易关系。也就是说，数据交易及价值发挥上下游之间的协作不是完全的市场交易，才有可能是数据交易和价值发挥的主要方式。

数据交易及价值发挥主要以上下游之间的协作方式呈现，但数据交易上下游永远充满了巨大的信息不对称。大数据的"柠檬市场"，不仅指买方对卖方提供的大数据的内容、质量等一无所知，同时卖方对买方购买大数据之后带来的可能收益也知之甚少。因此，在数据交易和价值发挥过程中，虽然经过长期反复博弈，不同主体还是有可能形成长期的协作关系，但是这种长期协作关系的建立过程会过于漫长，上下游主体间存在的利益分配上的冲突和矛盾也会使这种协作关系更加脆弱。

区块链是在不存在第三方中心化权威机构，或第三方中心化机构权威不足，或成本过高的背景下，在不具备信任关系的主体间建立和维护信任关系的技术性解决方案。区块链通过数据的全网一致性分发和冗余存储，极大地降低了信息不对称性，使所有业务主体具有基于数据对等基础上的业务自治组织权力和业务自治组织能力。

因此，将与供给端数据相关的特征、数据的使用场景及使用过程、数据在特定场景下的价值发挥情况上链存证，并通过智能合约，约定不同数据在不同场景下的价值分配方案，由系统强制执行，必然会强化不同主体间的信任关系，从而为构建长远的数据交易关系、推动数据要素的价值发挥提供技术上的支撑和保障。

● 构建数字社会的技术哲学和治理哲学

上面我们简单阐述了在 Web 3.0 的世界中几种已经实现了的特殊类型数据的确权，分析了作为生产要素最主要内容的大数据的内在属性及其相应的确权、定价和交易流通模式。但是，上述两种比较特殊的数据的确权以及对其相关属性的挖掘和界定，无论是覆盖的广度，还是挖掘的深度，都远不足以构建和支撑起元宇宙系统。元宇宙系统的构建和运行需要更多种类、更多数量的数据支撑。

Web 3.0 中已经实现了的能够被确权的几种特殊类型数据，是未来元宇宙世界中一部分元素的构成基础，就类似于元素周期表中的元素是构造其他更加复杂的业务和事物的基础单元一样。通过协商和长期反复博弈可以确权、定价和流转的作为生产要素的大数据，只是元宇宙系统建设过程中的部分动力来源。随着业务规模的拓展和业务形态的转变，大数据的用途必将被进一步放大。因此，应该如何界定元宇宙系统中的大数据的属性，如何探究其深层次上的权属关系以及其进一步的流转、复用，包括后期的价值创造方式和收益分配方式，也都有待进一步深入研究。

除了这两种特别类型的数据之外，元宇宙系统的构建和运行还需要大量关联其他数据的数据、作为条件约束其他数据的数据、以代码的方式呈现的数据和以信息的方式呈现的数据。这些数据的属性如何界定？这些数据需要不需要确权，以及如何确权？这些数据需要不需要流转，如何流转？是按照传统的知识产权保护的方式流转，还是按照开源代码的规则进行流转，或者按照目前区块链公有链世界无任何产权保护，任何人任何时间都可以随意复刻代码的方式进行流转？这些问题都需要分门别类进行深入研究。

因此，我们需要构建更加全面和系统的与元宇宙的数字化社会运行相匹配的技术哲学和治理哲学。元宇宙中这种技术哲学和治理哲学自然也应该是以数字形式表达和运行的。

当然，与元宇宙数字化社会运行相匹配的技术哲学和治理哲学，不能仅仅涵盖数字世界的内容，还必须兼顾到现实物理世界中已经被数字化的内容的支持规则，以及那些没有办法在元宇宙世界中被数字化的内容。因此，元宇宙世界需要形成的是一套完整的元宇宙的技术哲学和治理哲学。

为支撑和构建元宇宙系统，确保元宇宙系统的运行秩序，至少在目前，我们还需要进一步深化对数据的理解和认知，从不同维度形成对数据的科学分类，进一步深化对数据属性的认知，并确定以下问题：哪些数据属于或涉及个人隐私，这类数据应该如何对待和处置；哪些数据是生产要素，基于数据这一类生产要素的可复制、可共享、非排他和非消耗等特性，如何使其在微观上和宏观上都能实现价值创造的最大化；其他类别的数据在元宇宙系统构建和运行中将发挥哪些作用，又有哪些特性，该如何界定。只有把这些问题梳理清楚了，我们才有可能构建出适应和匹配元宇宙运行规则的技术哲学和治理哲学。

8.3 警惕数字生活对现实物理生活的脱嵌

我们始终坚持认为，元宇宙中的数字世界与现实物理世界是统一体，是人类数字化生活的扩展和丰富，而不是另外一个平行空间。尽管在本书中，我们绝大部分篇幅都在阐述元宇宙数字化转型的底层逻辑及其转型过程中可能面临的各种问题，但这种数字化转型首先必然是现实物理世界中的内容的数字化及其转型，也就是数字孪生及其演化和衍生。尽管未来元宇宙的发展重点很有可能是数字原生内容，但必然存在着大量的虚实相生内容，也就是元宇宙中已经数字化的内容必然还要与现实物理世界中的内容发生大量关联。尽管理论和现实都是这样，但元宇宙中的数字内容仍有可能使人类脱嵌于现实物理世界。

硅基文明在持续蚕食碳基文明空间

地球上的生命物质如蛋白质、核酸、糖等都是以碳作为其最主要的构成元素。人类这种生命体也是建立在蛋白质、核酸以及糖等基本物质之上的。至于碳这种无生命的物质是如何孕育出人类以及其他各种生命，至今仍然是人类百思不得其解的问题。直到今天，支撑人类文明的主要能源仍是来自碳基生命死亡后变成的石油和煤炭。

更为神奇的地方在于，人类这种由碳元素孕育出来的生命体，竟然通过各种以硅为基本元素的电路板和芯片，构建起了由"人工智能＋机器智能＋人机智能"为基础的硅基文明。硅基文明在一步步扩展人类生活空间的同时，也在蚕食人类原有的碳基文明空间。人类或出于需要，或出于好奇，也在一步步深入到由硅基所构建的文明体系中。

在互联网刚刚进入中国，上网还主要通过电话拨号，网上交流渠道主要还是电子邮件和BBS，购物网站还主要是亚马逊，物流还相当不方便，上网人数还相当少的年代，由当时国家信息产业部推动，《人民日报》及梦想家中文网在内的多家媒体于1999年在北京、上海、广州三地主办了"72小时网络生存测试"。在这次测试中，主办方提供了一个有一张床的房间，拨号网络、一卷手纸以及1500元现金和1500元电子货币，要求测试者72小时内不许离开房间。根据测试者的口述，以及其他普通网民的反应，最终媒体得出了这样一个结论——目前网上不能生存。

如果说这是硅基文明发展早期人类自发的一场实验，那么今天不要说72小时，只要资金和相关的配套设施允许，哪怕720小时不离开房间都不是问题，甚至在某种程度上人类的生产生活都可以始终在这一个房间中进行。这也从一个侧面反映出，由人类亲手构建起来的硅基文明对人类这种碳基文明物种的诱惑和带来的巨大便利。

本书前面几章分别讨论了以互联网为典型代表和重要载体的硅基文明基础设施，在信息供需匹配、商品和服务供需匹配、商品和服务生产制造等环节以及在更大范围、更多领域给人类生产生活带来的影响。人类最初的很多设想，通过当前的网络环境，正在一步步成为现实。未来，随着网络及其应用的进一步发展，也就是元宇宙时代的到来，人类更多的设想还将继续成为现实，人类也将越来越脱离其本身作为碳基文明物种所依赖的生存轨道，而越来越深入地进入硅基文明空间。

但是，这种由硅基文明的发展所带来的不适反应也将越来越明显。例如，越来越多的年轻人由于缺乏锻炼以及熬夜而导致猝死，由于沉浸于屏幕而导致越来越多的儿童近视。这实际上都是人类脱离现实物理世界，沉浸于数字世界而产生的另外一种结果，而且这一趋势还在继续。同时，我们也有理由相信，随着元宇宙时代的来临，人类会更加沉浸在元宇宙的数字技术所构建的世界中，而更少地还原到原来的碳基文明世界中。

人类本质上还是由物质也就是碳基孕育出来的。因此，人类必须将元宇宙中的数字世界生活与现实物理世界中的生活有机结合起来，不能也不应该把现实物理世界和数字世界割裂，更不应该沉迷于数字世界而难以自拔。

至于未来，是人类进一步在数字空间中发展壮大，并在数字空间中找到可以医治上述问题的良方，还是人类在挺进硅基文明之后，一定程度上回归碳基文明，还有待元宇宙世界的进一步发展，以及人类对自身未来总体的发展方向和发展道路的权衡。

警惕数字世界对现实物理世界的脱嵌

基于前面几章的分析和讨论，我们已经能够明确，元宇宙系统一定会生长出自己独有的艺术文化和逻辑运行规则，而且这种艺术文化以及逻辑运行规则也一定会对现实物理世界带来深刻影响。这也就是我们目前正在大力推进的数字化转型。

但是，任何事情都是过犹不及的。真理往前一步就是谬误。元宇宙中的数字世界确实有可能推动人类社会脱嵌于现实物理世界。

"脱嵌"一词来源于20世纪上半叶的匈牙利经济史学家、经济人类学家、社会学家卡尔·波兰尼（Karl Polanyi）。波兰尼在其伟大的《大转型》一书中警告，要警惕经济对社会和文化的"脱嵌"。在元宇宙相关概念的提出及产业的落地过程中，也始终需要警惕元宇宙中的数字生活对人类现实物理生活的脱嵌。

如果说在数字化生活发展初期，数字生活脱离现实物理世界，进行独立的发展和探索还是可以被允许的，也是必然的，那么一旦数字生活发展到一定阶段以后，就必须与现实物理世界发生深度关联，由数字生活变回数字化生活。否则，这将带来数字生活对现实物理世界的脱嵌，也就是数字生活将脱离现有的现实物理世界，进而与现实物理世界没有任何关联。

互联网在发展初期也是独立运行的，更多应用于科学计算，与现实物理世界发生关联层次较浅。但是,随后出现的信息互联网、消费互联网和产业互联网已经将互联网与现实物理生活紧密绑定在了一起。

区块链公有链世界目前发生的事情,几乎就是互联网发展的早期。目前,区块链公有链仅局限于纯粹的数字世界,包括各种虚拟数字货币,而唯一与现实物理世界发生深度关联的可能就是几种由中心化机构推出的锚定美元的稳定币。如果区块链公有链按照这个方向继续发展下去,而不与现实物理世界在更多层面、更多维度上发生深层次关联,很有可能公有链就失去了它的未来。

虽然我们需要警惕元宇宙中的数字世界对现实物理世界可能带来的脱嵌,但是我们也不需要杞人忧天。自亚当·斯密(Adam Smith)以来的经济学家都认为,是市场规模带来了分工,分工带来了专业化,专业化带来了效率提升。但是,社会学三大创始人之一的埃米尔·涂尔干(Emile Durkheim)在其《社会分工论》中解释说,是社会密度导致了同质化竞争,同质化竞争带来了内卷,内卷又推动了差异化竞争的出现,而差异化部分带来了分工的出现。因此,在元宇宙的发展过程中,在某些层面、某些阶段,元宇宙中的数字世界脱嵌于人类已有的现实物理世界是可能的,甚至是不可避免的。但是,当这种脱嵌发展到一定程度,人类纷纷涌进数字世界的时候,在数字世界中的人类为了避免数字世界内的高密度生活,必然还会在一定程度上回归现实物理生活。不过,那个时候的现实物理世界应该早已不是我们目前这个现实物理世界,更不是几百年前的田园牧歌般的现实物理世界,而是经过数字化充分洗礼的,有着更高效率、更宜居、更适应人类生活的新的元宇宙世界。